VENEDIG

# Der Dogenpalast

Fondazione Musei Civici Venezia

SKIRA Marsilio GUIDE

*Texte*
Paolo Delorenzi

*Redaktion und Layout*
Sergio Brugiolo - Studio Polo 1116, Venezia

*Übersetzung*
Alexandra Geese

*Abbildungen*
© Jean-Pierre Gabriel: pp. 2, 6-7, 8, 11, 18-19, 22, 24-25, 26, 40-41, 48-49, 50, 51, 56, 63, 68, 76, 86-87, 121, 128, 131, 132, 134-135
© Archivio fotografico Fondazione Musei Civici di Venezia: pp. 10, 12, 13, 14, 15, 17, 21, 28, 29, 31, 32-33, 34, 36, 38, 39, 42, 43, 44, 46, 47, 52, 54, 57, 59, 60-61, 62, 66, 71, 72-73, 74, 75, 77, 79, 80, 81, 82, 83, 84, 85, 88, 89, 90, 92, 95, 96, 98, 100, 102, 103, 104, 105, 106, 107, 108, 109, 110-111, 112, 113, 114, 116, 118, 120, 122, 123, 124, 125, 126, 130, 143
© Cameraphoto arte®: pp. 64, 65, 70, 101, 119, 136, Titelseite

*Auf der Titelseite*
Gentile Bellini,
*Der Doge Giovanni Mocenigo*,
Venedig, Museo Correr



Dritte Auflage: Juli 2012
ISBN 978-88-317-0653

# Inhaltsverzeichnis

# Der Doge und sein Palast

Der Dogenpalast, auf Italienisch *Palazzo Ducale*, ist ein massives, aber ungewöhnliches, kompaktes und rechteckiges Bauwerk, das im unteren Bereich von großen zylindrischen Pfeilern gestützt und oben durch eine Bekrönung aus Fialen und schwer zu definierenden kleinen Bögen vollendet wird.

In diesem Gebäude kommen Geschichte, Politik, Kunst und Institutionen der Republik Venedig zusammen. Im Laufe der Jahrhunderte erfüllte es verschiedene Funktionen: Wohnung des Dogen und seiner Familie einschließlich der Sicherheitskräfte des Dogen selbst; Sitz verschiedener Ebenen und Bereiche der Politik und Verwaltung des Staates und der Stadt einschließlich der legislativen Gremien (Versammlungen) und der exekutiven Organe (Senat, *Consiglio dei Dieci*); Ort der Rechtsprechung und der Strafvollstreckung (Gerichte und Gefängnisse); Sitz der Büros des *Cancellier Grande* und der gesamten Bürokratie und Verwaltung der Republik.

Das war jedoch nicht von Anfang an so: In der frühen Phase handelte es sich um eine befestigte Burg, die von den Kanälen, die sie wie ein Burggraben umgaben, geschützt wurde. Zu ihrer Überquerung war eine Brücke vonnöten (vielleicht eine Zugbrücke?). In dieser Gestalt ist der Palast in den ersten Bilddokumenten und auf den Karten aus der Ursprungszeit zu sehen.

Der Dogenpalast, den wir heute betrachten und besuchen können, ist das Ergebnis einer langen Reihe von Änderungen, Anpassungen, partiellen Wiederaufbauten und Restaurierungen, die Hand in Hand mit der Evolution der Institutionen in Venedig gingen und von Naturkatastrophen und tragischen Ereignissen in zehn Jahrhunderten Geschichte geprägt wurden: ein nach und nach immer vielschichtiger und komplexer gestaltetes Regierungssystem, eine Vervielfachung der Funktionen und der Abteilungen, überfüllte Gefängnisse, Erdbeben, Windhosen, Stürme und Blitze, Revolten und Plünderungen, Brände verschiedenen Ausmaßes, die immer verheerende Folgen hatten. Daraus können wir schließen, dass der

*auf den vorhergehenden Seiten*
Die Renaissancefassade im Innenhof mit dem Podest der *Scala dei Giganti*

Die zur Piazzetta hin gelegene Fassade aus dem Quattrocento

Palast ein Zeuge der Geschichte, der Evolution und der Funktionsweise der Republik ist, eine wahre „Regierungsmaschinerie“, die manchmal perfekt war und manchmal einen eher vagen und konfusen Eindruck machen, aber immer dynamisch und vital agierte.
Nicht weniger wichtig ist eine weitere Funktion des Palastes: er war immer eine Art großes „Manifest“, das zur Selbstdarstellung der Serenissima, ihres Ruhms, ihrer Unternehmungen, ihrer Merkmale, ihrer Ambitionen, ihrer wichtigsten Vertreter und ihrer Geschichte diente. Kein Element seiner komplexen architektonischen Struktur oder seiner dekorativen Gemälde- und Skulpturenzyklen ist grundlos: jede Statue, jedes Leinwandgemälde und jedes Fresko, jede gemeißelte oder geschnitzte Dekoration, jeder Stuck, jede Vergoldung, jede Verkleidung, jeder Kamin, jeder Einrichtungsgegenstand und jedes Portal hat einen bestimmten Sinn und Zweck, der in ein von den Regierungsorganen konzipiertes und verabschiedetes *Programm* eingebettet ist. Zahlreiche Meisterwerke der Kunst schmücken den Palast, der so auch zu einem unvergleichlichen *Monument* der Kunst- und Kulturgeschichte Venedigs wird, fast zu einem außergewöhnlich reich und prunkvoll ausgestatteten *Museum*, einer unnachahmlichen Sammlung von Malerei und Skulptur: weniger „Palazzo della Ragione“ in der Tradition der mittelalterlichen Kommunen als Königspalast und Residenz eines Fürsten oder Herrschers. Er ist Spiegel und Gerüst Venedigs zugleich, Verherrlichung und Kommentar des unvergleichlichen Abenteuers der „aus dem Wasser erstandenen Stadt“.

Die *Porta della Carta* zwischen Dogenpalast und Markusdom

Der *Arco Foscari*, Marmordetail

*Adam* und *Eva* an der Ecke zwischen den beiden mittelalterlichen Fassaden

Das *Urteil des Salomon* an der Ecke zur Porta della Carta

Der *trunkene Noah und seine Söhne*, Ecke am Ponte della Paglia

*Die Formen des Palastes*

Der Palast kann nach Epochen und Funktionen in einige grundlegenden Bestandteile gegliedert werden. Im Trecento und im Quattrocento wurden der große gotische Flügel auf der Uferseite (il „molo") und der andere in Richtung Piazzetta gebaut. Diese beiden fast identischen Gebäudeteile wurden ab 1340 in zwei Phasen errichtet. Dazwischen lag eine lange, tragische Pause, die durch die 1347 ausgebrochene Pestepidemie verursacht wurde. Obwohl zwischen der Ausführung der Bauabschnitte mehrere Jahrzehnte lagen, sollte die Architektur identisch sein. Das ursprüngliche, hoch geschätzte Modul mit Pfeilern und Bogengang im Erdgeschoss, Loggia mit der originellen Folge von Bögen und Vierpässen, großer Mauer mit Rauten in der Farbkombination Weiß-Rosa-Grau und gotischen Fenstern sowie dem Vordach mit Ädikulä und Statuen in der Mitte sollte wiederholt werden. In dem uferseitigen Flügel befindet sich die große *Sala del Maggior Consiglio*, Versammlungsort der Vertreter des Patriziats, das im Goldenen Buch des venezianischen Adels seit den Ursprüngen registriert war. Der Flügel in Richtung Piazzetta (1424 beschlossen), wo sich in früherer Zeit der Gerichtspalast befand, wurde zur Amtszeit des Dogen Sebastiano Ziani im 12. Jahrhundert in venetisch-byzantinischer Form wieder aufgebaut und war für die große öffentliche Bibliothek gedacht. Schon bald sollte er jedoch für die häufigen Wahlen in die verschiedenen Ämter der Republik genutzt werden.

Die reich verzierte *Porta della Carta* (von 1438 bis 1442) verbindet den Palast gemeinsam mit dem Bogengang, der als letztes großes und spätes Meisterwerk des zivilen „gotico fiorito" in Venedig entstand, mit dem Dom. Sie bildet den Haupteingang zum Palast und führt zu den Arkaden in Richtung Innenhof und zu dem prunkvoll dekorierten *Arco Foscari* (alle diese Elemente wurden in den achtziger Jahren des 15. Jahrhunderts vollendet). Die malerische Szenographie endet vor der späteren Ehrentreppe, der *Scala dei Giganti*, einem eleganten und monumentalen Zugang zu den Büros und den öffentlichen und privaten Räumen des Palastes. Hier fanden auch einige besonders prachtvolle und feierliche Zeremonien statt. Die *Porta della Carta* ist ein Werk von Giovanni und Bartolomeo Bon. Auf der Vorderseite ist von außen reicher Skulpturenschmuck zu sehen, der oben mit den Statuen des *Hl. Markus* und der *Gerechtigkeit* endet.

Besondere Aufmerksamkeit verdienen die Kapitelle der Pfeiler (insbesondere die näher am Ufer gelegenen Exemplare, die älteren Datums sind), die mit Szenen, Allegorien, Tieren, Menschenköpfen und Vegetation verziert sind. Diese Form einer reich dekorierten und äußerst vielfältigen weltlichen Enzyklopädie brachte eine verblüffende Sammlung von Figuren, erzählten Geschichten, allegorischen Darstellungen, Wissen aus Astrologie, Astronomie, Berufsleben, Wissenschaft und Technik hervor und gilt als Meisterwerk der gotischen Bildhauerkunst in Venedig.

Die Kapitelle schmücken gemeinsam mit den anderen in den strahlend weißen istrischen Stein, der in venezianischen Gebäuden so oft verwendet wird, gemeißelten Figuren die Fassaden des Palastes und heben das wich-

*Venedig als Gerechtigkeit*
auf der 13. Rosette in Richtung Piazzetta, der Verbindungsstelle zwischen dem Gebäudeteil aus dem Trecento und dem aus dem Quattrocento

Die Fassade in Richtung Piazzetta

*auf den folgenden Seiten*
Die Scala dei Giganti und die Renaissancefassade der Kirche von San Nicolò. Links der obere Bereich des Arco Foscari

tigste strukturelle und architektonische Element hervor: die Ecken werden durch gewendelte Säulen mit den Statuen des Erzengels *Michael*, von *Adam und Eva* (an den äußeren Ecken), des *trunkenen Noah* und weiter oben des *Erzengels Raffael mit dem kleinen Tobia* (auf der Ecke Richtung *Ponte della Paglia*), des *Urteils des Salomon* und oben des *Erzengels Gabriel in Richtung Porta della Carta* verziert. Diese Statuengruppen stammen aus verschiedenen Zeiten: die ältesten sind die des trunkenen Noah und die von Adam und Eva, die von einigen dem legendären Erbauer und Dekorateur des Palastes Filippo Calendario zugeschrieben werden (er wurde aufgrund seiner Beteiligung an der Verschwörung des zum Tode verurteilten Dogen Marino Falier hingerichtet, der in eine obskure persönliche und politische Angelegenheit verwickelt war). Jüngeren Datums sind dagegen die anderen Statuen sowie die Skulpturen in den Ädikulä der großen Balkone mit Vordach (von Pier Paolo delle Masegne stammt der Balkon auf der Uferseite, von Giovanni und Bartolomeo Bon der Balkon auf der Piazzetta).

Eine Erwähnung verdient die schöne Skulptur Venedigs in Gestalt der Gerechtigkeit aus dem Trecento, die sich in dem Vierpass über der dreizehnten Säule in Richtung Piazzetta befindet. Es handelt sich vermutlich um die erste Darstellung und Personifizierung Venedigs als Verkörperung dieser Tugend und des Prinzips, die als maßgebliche Grundsätze der venezianischen Regierungsform gelten.

Auf diesen Fassaden sind weltliches und christliches Wissen eng miteinander verwoben, wobei das Religiöse mit Figuren und Geschichten aus dem Neuen und dem Alten Testament dargestellt wird. Das Gesamtwerk ist typisch mittelalterlich. Auch in dieser Hinsicht spiegelt der Palast eine – wenn auch lange – Kulturepoche wieder. Als 1577 ein verheerender Brand den uferseitigen Flügel schwer beschädigte und teilweise komplett zerstörte, stellte sich die Frage, wie der Palast erneuert oder ergänzt werden konnte. Die wichtigsten Architekten und Ingenieure der damaligen Zeit vertraten entgegengesetzte Auffassungen. Am Ende fiel die Entscheidung zugunsten des Wiederaufbaus des Palastes in seiner früheren Gestalt. Die Form – das Erscheinungsbild – des Palastes war so verwurzelt und konsolidiert, dass er ein unverzichtbarer Bestandteil des Gesichtes der Stadt war.

Der dritte Flügel des Palastes liegt am Canale della Canonica und bildet die Ostseite des Innenhofs des Dogenpalastes. Auch dieser Flügel geht in seiner heutigen Form auf komplexe Arbeiten zurück, die nach dem Brand eingeleitet wurden, der 1483 die Wohnung des Dogen zerstörte.

Die Fassade dieses Flügels ist im Renaissancestil gestaltet. Sowohl auf der Innenhofseite als auch in Richtung Kanal und in den Innenräumen waren mehrere Architekten aus dem späten Quattrocento und dem frühen Cinquecento tätig (Antonio Rizzo, Pietro Lombardo, Antonio Abbondi *Scarpagnino*...), die das ganze Bauwerk mit einer reich dekorierten, fein und dicht bearbeiteten Inkrustation aus istrischem Stein mit zahlreichen Einsätzen seltenen vielfarbigen Marmors, Vergoldungen und Pigmentierungen verschiedener Art schmückten. Diese Fassaden warteten sicherlich zur

Die Giganten *Mars* und *Neptun* von Jacopo Sansovino, die 1567 an der Treppe aufgestellt wurden

Die Scala dei Giganti, Detail der Dekoration der Stufen und der Geländer

*auf den folgenden Seiten*
Eine der mittelalterlichen Fassaden zum Innenhof mit der unverwechselbaren Krönung aus kleinen Bögen und Fialen

Zeit ihrer Entstehung mit prunkvollen und leuchtenden Dekorationen auf. Die gotische Formsprache findet sich hier nicht mehr, prägend wirken vielmehr die typischen Elemente der humanistischen Renaissance-Architektur mit klugen Zitaten und einer eher freien Verwendung der Regeln des klassizistischen Barock, der aus der Toskana, aus Rom und aus dem Veneto nach Venedig kam. Eingebettet in einen prunkvollen, fast schon übermäßig reichen Skulpturenschmuck finden sich Dogenwappen, allegorische Figuren, Portraits, antik angehauchte Dekorationselemente, Konsolen, Kapitelle, kleine Säulen und Pfeiler sowie Reliefs.

Die schöne Freitreppe namens *Scala dei Giganti* stammt von Antonio Rizzo, während die Gigantenstatuen, die Mars und Neptun darstellen (Sinnbilder der beiden Säulen der venezianischen Macht: das Militär und die Herrschaft über die Meere) zu einem späteren Zeitpunkt von Jacopo Sansovino geschaffen und 1567 dort aufgestellt wurden.

Den Gebäudeteil, den wir etwas ungenau als den vierten Flügel des Palastes bezeichnen könnten, besteht aus der Gesamtheit der Gebäude, die sich als Fortführung der *Porta della Carta* aneinanderreihen: der *Porticato Foscari* am Eingang, ein massives strukturelles Element, das die schwierige Aufgabe bewältigt, an die Südseite der Basilika anzuschließen und sie einzugrenzen, führt bis vor die *Scala dei Giganti*. In Richtung Innenhof ist er mit einer eklektischen Barockfassade von Bartolomeo Manopola verkleidet, in der das Zifferblatt der großen Uhr von Bartolomeo Ferracina eingerahmt ist. Darauf folgen ein Komplex antiker und moderner Statuen in Nischen und Rahmen und die Flanke des Triumphbogens, der den *Porticato Foscari* mit Fialen, Spitzen und Statuen abschließt.

Elegant und reich dekoriert präsentiert sich die Renaissancefassade, die der Chiesetta San Nicolò entspricht, die an den Innenhof neben der *Scala dei Giganti* grenzt (Cortile dei Senatori): Es handelt sich um eines der elegantesten Werke der einheimischen venezianischen Renaissance (vor dem Triumph des römischen Architekturstils, der nach der Plünderung Roms 1527 von Exilkünstlern und -architekten und insbesondere von Jacopo Sansovino nach Venedig getragen wurde). Sie stammt von Antonio Abbondi, auch *Scarpagnino* genannt, und besticht mit feinster Verarbeitung, wertvollem Marmor, Vergoldungen und Farbspielen (die durch die kürzlich erfolgte Restaurierung freigelegt wurden) durch Ausgewogenheit und eine hochgradig wirksame, ausgereifte Formensprache.

# Das Museo dell'Opera

Zu Zeiten der Serenissima war der Senat für die Pflege und Instandhaltung des Gebäudes zuständig. Manchmal standen ihm zeitlich befristete Gutachterausschüsse und der *proto* (Architekt) zur Seite, der im Dienst des Salzamtes stand, eines Amtes, das dem Staat erhebliche Einkünfte sicherte, die größtenteils in die Renovierung öffentlicher Gebäude investiert wurden.
Die im 19. Jh. gegründete *Opera di Palazzo Ducale* hat die fachliche und administrative Verantwortung übernommen und führt die Aktivitäten zur Erhaltung und zum Schutz des Monuments fort. In den letzten zwei Jahrhunderten wurden zahlreiche Restaurierungspläne beschlossen. Besondere Erwähnung verdienen die umfangreichen Arbeiten an den Außenfassaden, die in den Jahren 1876-1877 vorgenommen wurden. Statische und erhaltungstechnische Gründe machten damals die Entfernung und den Ersatz durch Repliken von zweiundvierzig Kapitellen des Bogengangs und der darüber liegenden Loggia erforderlich, die jetzt gemeinsam mit anderen Steinelementen im *Museo dell'Opera* ausgestellt werden, das sechs Räume im Erdgeschoss umfasst, die früher als Gefängnis genutzt wurden. Die Figuren, die zur Dekoration der Palastfassaden in Stein gemeißelt sind, bringen das typisch mittelalterliche, enzyklopädische Wissen mit zahlreichen symbolischen, moralischen, allegorischen und politischen Bedeutungen zum Ausdruck, dessen Themen aus der Bibel und aus astrologischen Texten stammen. Der Mittelpunkt der venezianischen Macht wird so durch Bilder, die oft auf der Gegenüberstellung von Sünde und Tugend, Heiligem und Profanem, historischer Wahrheit und Legende aufbauen, zum Spiegel der Vielfalt des Universums und zum auserwählten Ort und Sitz der Gerechtigkeit unter göttlichem Einfluss.

Bartolomeo Bon, *Kopf des Dogen Foscari*, früher auf der Porta della Carta, jetzt im Museo dell'Opera

*Saal I*

In diesem Saal sind die sechs gegen Mitte des 14. Jh. entstandenen Kapitelle und die dazu gehörigen Säulen, die aus den Arkaden der zum Ufer gewandten Fassade stammen, gemeinsam mit dem Holzmodell der Stütz-

Museo dell'Opera, Saal II, *Der Hl. Claudius*, Detail des Kapitells der *Fünf Steinmetzmartyrer und drei Bildhauer*, 1340-1355

Museo dell'Opera, Saal II, *Der ungläubige Jünger*, Detail des Kapitells der *Fünf Steinmetzmartyrer und drei Bildhauer*, 1340-1355

Museo dell'Opera, Saal II, *Notar*, Detail des Kapitells der *Berufe*, 1340-1355

konstruktion des Palastes anlässlich der Restaurierung gegen Ende des 19. Jahrhunderts zu sehen.
Die in das reiche Blattwerk gemeißelten Darstellungen sind hoch interessant und spielen auf unterschiedlichste Themen aus der Astrologie und dem allgemeinen Wissen an. Die Symbolik, von der ein Großteil der Gruppe inspiriert wird, befasst sich von einer moralischen Warte aus mit dem Einfluss der Planeten auf die Geschichte (*Kaiser und Könige*) und mit den Formen des Lebens, auch unter Darstellung von Charakteren und Physiognomien (*Vögel mit Beute, Männer und Frauen lateinischer Rasse, Völker in verschiedenen Breitegraden*). Die Reliefs am ersten Kapitell von rechts nach dem Eingang zeigen Männer, die mit gekreuzten Beinen nachdenken. Es handelt sich um *Salomon und die sieben Weisen*, eine Allegorie der freien Künste unter der Herrschaft des christlichen Glaubens. Neben dem weisen und vorsichtigen Herrscher, der zwei Bücher miteinander vergleicht, sitzen im Gegenuhrzeigersinn Priscian, Aristoteles, Cicero, Pythagoras (mit einer Tafel, auf der die Zahl 1344 steht, vielleicht das Datum der Ausführung des Werks), Euklid, Tubal-Kain und Ptolemäus, Personifizierungen von Grammatik, Dialektik, Rhetorik, Arithmetik, Geometrie, Musik und Astronomie.

Museo dell'Opera, Saal VI, *Säulen und Kapitelle aus der Loggia*, 14.-15. Jh.

*auf den folgenden Seiten*
Museo dell'Opera, Saal V, *Gotischer Bogengang*, Rekonstruktion mit Originalfragmenten und Ergänzungen

*Saal II*

Die vier Kapitelle auf Säulen entstanden ebenfalls um die Mitte des 14. Jh. und zeigen trotz der im Laufe der Jahrhunderte entstandenen Schäden die Kunstfertigkeit der Handwerker alter Zeiten, die insbesondere in den eleganten Formen und der erlesenen Verarbeitung der Details zum Ausdruck kommt. Die Motive der Reliefs reichen von einer Serie von *Tierköpfen mit Beute* bis zu Darstellungen der *Monate*, wobei das Jahr im März mit dem Frühling und dem ersten Zeichen des Tierkreises, dem Widder, begann. Die *Fünf Steinmetzmartyrer und drei Bildhauer* sind sicherlich als Hommage an die Kunst der Steinmetze zu verstehen, während das letzte Kapitell sich anhand der Bilder der *Berufe* mit dem Thema der Arbeit auseinandersetzt. Im Gegenuhrzeigersinn sind vom Steinmetz ausgehend die folgenden Berufe zu erkennen: Goldschmied, Schuster, Schreiner, Getreide- und Hülsenfrüchtemesser, Bauer, Notar und Schmied. Dabei dient auch die Kopfbedeckung der besseren Bestimmbarkeit: die Meister tragen eine große Kappe im Nacken, die angestellten Arbeiter eine Haube und die Lehrlinge sind barhäuptig.
An der Eingangswand steht eine der Ausfachungen, mit der die letzten Bögen der Arkaden in Richtung *Ponte della Puglia* nach dem schrecklichen Brand von 1577 aus statischen Gründen geschlossen wurden.

*Saal III*

Das älteste Kapitell stammt aus dem 15. Jh. und ist mit einer Sequenz von Obstkörben dekoriert, die an den Jahreszeitenzyklus zu erinnern scheinen. Die Komplexität der Motive auf den beiden anderen Exemplaren in diesem Saal, die aus der dekorativen Phase im 14. Jh. stammen, ist ungleich

größer und erhöht die Attraktivität dieser Kunstwerke, die erstaunliche und äußerst hochwertige Zeugnisse mittelalterlicher Kunst sind.
Das große Kapitell mit *Adams Schöpfung* und den *Planeten und ihre Domizile*, das John Ruskin als „das schönste Europas" beschrieb, stand ursprünglich an der Ecke des Palastes zwischen Anleger und Piazzetta. Die dominierende Position ist ein Zeichen seiner Bedeutung für die an den Fassaden des Gebäudes dargestellte Bilderwelt, die Erzählung der Geschichte der Menschheit und des Universums allgemein, die mit der Erschaffung des ersten Menschen durch göttliche Hand ihren Anfang nimmt. Die Flachreliefs müssen im Gegenuhrzeigersinn gelesen werden und beginnen mit dem Abbild Gottes auf dem Thron, der Adam hält und der gerade ins Leben gerufenen Kreatur Atem einhaucht. Es folgen weltliche Darstellungen aus Werken über die Astronomie, in denen die Personifizierungen der Planeten gezeigt werden, zu denen die entsprechenden Tierkreiszeichen nach der Reihenfolge ihrer Domizile in Verbindung stehen. Steinbock und Wassermann entsprechen dem alten Saturn mit der Sichel; Fische und Schütze gehören zu Jupiter im Doktortalar; der kriegerische Mars wird von Widder und Skorpion begleitet; die Sonne mit strahlengekröntem Haupt sitzt auf dem Löwen; Venus betrachtet sich gemeinsam mit Stier und Waage im Spiegel; Merkur hält ein offenes Buch und sitzt zwischen Jungfrau und Zwilling. Zum Schluss folgt der Mond

Museo dell'Opera, Saal III, *Wut*, Detail des Kapitells der *Sieben Todsünden*, 1340-1355

mit zerzaustem Haar, der an den Einfluss von Wind und Gezeiten erinnert und das Symbol des Krebses berührt.
Auch das Kapitell mit den *Sieben Todsünden* ist hervorragend gearbeitet: Hochmut, Wut, Geiz, Trägheit, Neid, Genusssucht und Völlerei. Diese Serie wird durch die hinzu gefügte Figur der Eitelkeit abgerundet, einem jungen Mädchen mit Girlande auf dem Haupt, das einen Spiegel hält und die Hand auf die Brust legt.

*Säle IV und V*
In den beiden durch eine alte Steinmauer aus großen, grob gehauenen Blöcken – einem Überrest des früher an dieser Stelle existierenden Gebäudes – voneinander getrennten Räumen, sind einige Säulenfragmente der Arkade und ein Kapitell mit Blattdekoration zu sehen. Im Saal v wurden Fragmente des gotischen Bogengangs aufgestellt. Die weich geschwungenen Linien der Spitzbögen und der Vierpässe enden am oberen, mit Rosetten geschmückten Gesims. Die Bogenzwickel sind mit Löwenköpfen verziert.

*Saal VI*
Die an den Wänden positionierten Steinfragmente stammen aus den Bekrönungen oder anderen Außenbereichen des Palastes und wurden aufgrund von Schäden oder Einsturzgefahr von dort entfernt. Die neunundzwanzig heute hier ausgestellten Kapitelle befanden sich auf den Säulen der Loggia aus dem ersten Obergeschoss. Sie wurden im 14. und 15. Jh. von unterschiedlichen Handwerkern geschaffen (zwei Kapitelle sind stilgetreue Repliken aus dem 18. Jh.) Bei einem Vergleich mit den Exemplaren aus dem Bogengang fallen die Unterschiede in puncto Qualität und Motivwahl ins Auge. Vorherrschend ist der dekorative Aspekt, Pflanzenmotive und Blattwerk bedecken den Großteil der Fläche. Der Raum für die vereinfachten und sich wiederholenden Figuren ist begrenzt. Das Motiv ist auch aus weiter Ferne zu erkennen, obwohl es nicht möglich ist, die vier Seiten gleichzeitig zu erfassen. Die Motive umfassen kirchliche Themen und astrologisches Wissen und erreichen eine universelle, totalisierende Dimension des Wissens: Tierköpfe, Muscheln, Kinder, Antlitze von Männern und Frauen verschiedenen Alters, Personen in frommen Haltungen, andere, die lesen oder Musik spielen, Krieger und Markuslöwen. Im hinteren Bereich des Raumes befindet sich der originale Architrav der *Porta della Carta* gemeinsam mit dem einzigen erhaltenen Fragment der Skulpturengruppe, mit der er geschmückt war, dem Bartolomeo Bon zugeschriebenen *Kopf des Dogen Francesco Foscar*i. Eine *Büste des Dogen Cristoforo Moro* ist der einzige bis heute bewahrte Bestandteil eines Monuments, das sich bis 1797 in der Nische gegenüber der *Scala dei Giganti* befand.

# Der Innenhof

Das einheitliche Erscheinungsbild der Außenfassaden des Dogenpalastes findet ein Ende, sobald man durch die *Porta del Frumento* geht, den heutigen Besuchereingang auf der Südseite des Gebäudes in Richtung Ufer.
Der Innenhof verdankt seine heutige charakteristische Gestalt den Baumaßnahmen, die im Laufe von vier Jahrhunderten, von Mitte des 14. bis Anfang des 17. Jahrhunderts, aufeinander folgten.
Das älteste Element ist zweifellos die Stirnseite des *Maggior Consiglio*, die 1340 vollendet wurde. Es handelt sich um eine volle Backsteinwand, die damals nur von den Spitzbögen der Loggia und den gotischen zweibogigen Fenstern durchbrochen wurde, die auf der Rückseite von oben Licht in den enormen Versammlungssaal einfallen ließen. Der Flügel, in dem die *Sala dello Scrutinio* liegt, wurde ab 1424 in ähnlichem Stil wie der angrenzende Gebäudeteil erbaut. Abgerundet wurde er einige Jahrzehnte später durch die Bauwerke, mit denen der frei bleibende Raum zwischen Palast und Dom gefüllt wurde, die *Porta della Carta* und der *Androne Foscari*, auf deren Schlusssteinen die Evangelisten abgebildet sind. Der Doge Francesco Foscari (1423-1457) hatte die Arbeiten an dem überdachten Durchgang und dem Bogen in Auftrag geben. Istrischer Stein und rotes Marmor aus Verona wechseln sich auf der hinteren Front ab, auf der auch an die Gründe der Namensgebung erinnert wird. Die Verschönerungsarbeiten wurden unter den Dogen Cristoforo Moro (1462-1471) und Gio vanni Mocenigo (1478-1485) fortgesetzt, die auf zwei 1797 zerstörten Denkmälern (ein Fragment des ersten wird im *Museo dell'Opera* aufbewahrt) vor dem Markuslöwen kniend dargestellt werden. Auf die erste Phase gehen auch einige Skulpturen von Antonio Bregno und anderen lombardischen Meistern auf der Bekrönung zurück. Aus der darauf folgenden Phase stammen die Statuen von *Adam, Eva* und dem *Schildträger*, die heute in den Nischen durch Repliken ersetzt werden (die Originale sind im Durchgang zum Liagò zu sehen).
Der Brand des Jahres 1483 fügt dem an den Kanal angrenzenden Gebäudeteil große Schäden zu. Mit der Restaurierung wird Rizzo beauftragt.

Die Scala dei Giganti

Der Arco Foscari mit der Scala dei Giganti

Die Ecke zur Scala dei Giganti mit der Renaissancefassade und links der Fassade aus dem frühen Seicento

*auf den folgenden Seiten*
Blick vom höchsten Punkt der Scala dei Giganti auf den Arco Foscari

Die Baustelle wird in kurzer Zeit eröffnet, bleibt jedoch lange bestehen und hat mit zahlreichen Schwierigkeiten zu kämpfen. Die Arbeiten werden gegen Mitte des folgenden Jahrhunderts abgeschlossen. Der Unterschied zwischen dem nördlichen Teil der Fassade und dem in der Nähe der *Sala del Maggior Consiglio* ist auffällig und geht auf Änderungen der Planung und die Einbindung neuer Architekten, erst Pietro Lombardo und dann Antonio Scarpagnino, zurück. Die Stirnseite ist mit den Fenstern in regelmäßigem Abstand, den gemeißelten Bändern und Tafeln, den Porphyrplatten, die vor dem strahlend weißen Marmor besonders hervortreten, eindeutig im Renaissancestil gestaltet. Der Portikus im Erdgeschoss war von Anfang geplant. Die zeitliche Abfolge der Baumaßnahmen wird ausgehend vom *Cortiletto dei Senatori* durch Wappen und Initialen der Dogen Marco Barbarigo (1485-1486), seines Bruders Agostino (1486-1501) und Francesco Donà (1545-1553) auf den Pfeilern bestätigt. Gleiches gilt für die Fortführung der Loggia im Obergeschoss, die zur Erhaltung der Tradition im gotischen Stil der früher errichteten Bogengänge errichtet wurde.
1505 leitete Giorgio Spavento den Bau der Kirche von San Nicolò, die den *Cortiletto dei Senatori* auf der Nordseite abschließt, wo die Magistrate den Beginn der Versammlungen erwarten (unter den Gewölben befindet sich der *Hl. Theodor*, der ursprünglich die ihm gewidmete Säule auf der Piazzetta schmückte). Die Treppe in einer Flucht mit der *Porta della Carta*,

auf deren Podest die Dogenkrönung erfolgte, wurde knapp fünfzehn Jahre vorher unter der Aufsicht von Rizzo vollendet, der Kunsthandwerker aus der Lombardei für den Skulpturenschmuck in Marmor einsetzte. Die beiden Giganten der Treppe sind *Mars* und *Neptun* von Jacopo Sansovino. Sie wurden zu späterer Zeit von dem Künstler mit Hilfe der Mitarbeiter seiner Werkstatt im Laufe von zwölf Jahren geschaffen und 1567 aufgestellt. Die Korrosion der Oberflächen kann trotz des Verlustes einiger prägender Elemente wie des spitzen Stabs des Kriegsgottes und des Dreizacks des Meeresgottes die Ausdruckskraft und das imposante Erscheinungsbild der Kolosse nicht mindern, die den Palast fast zu bewachen scheinen. Bei dem Löwen auf der Spitze des Bogens handelt es sich um eine Replik aus dem 19. Jh. des 1797 zerstörten Originals, auf dem das Wappen des Dogen Francesco Venier (1554-1556) prangte.
Die großen Fenster in den Mauern der *Sala del Maggior Consiglio* und der *Sala dello Scrutinio* werden im 16. Jh. hinzugefügt. Der Bogengang, der im Erdgeschoss in beiden Flügeln in Erscheinung tritt, ist dagegen ein in den Jahren 1605 bis 1609 geschaffenes Werk Manopolas. Der Architekt ließ die Treppe *Scala Foscari* oder *del Piombo* abreißen, die bis zum gleichnamigen *Androne* führte, und ersetzt sie durch die kleine, mit der Uhr

Der Innenhof mit den Bronzebrunnen, den mittelalterlichen Fassaden und links der Renaissancefassade

Detail der Renaissancefassade

bekrönte Fassade. Hier wurde zur Erinnerung an das Ende des Baus des Dogenpalastes das Jahr 1615 eingemeißelt. Bei allen weiteren Maßnahmen handelte es sich nur um Restaurierungen. In den Nischen sind einige alte Marmorskulpturen und die Statue von *Francesco Maria I della Rovere, Herzog von Urbino* zu sehen, ein Werk des Florentiners Giovanni Bandini, das Francesco Maria II, der Enkel des Condottiere, der Serenissima 1624 schenkte.

Vor Erreichen der Loggien im Obergeschoss über die *Scala dei Censori*, die 1525 vermutlich nach einem Entwurf von Scarpagnino errichtet wurde, sind zwei Brunnenbrüstungen in der Mitte des Hofes zu sehen, die sich durch die reiche ornamentale Dekoration und das Material – Bronze – auszeichnen. Sie wurden von Gießern geschaffen, die auch für das Arsenal arbeiteten, und zwar einem „Albergeto“ (also einem Angehörigen der Familie Alberghetti) und Nicolò dei Conti. Der letztere vermerkte das Datum 1556 gemeinsam mit dem Porträt des Dogen Francesco Venier, der in jenem Jahr starb. Jede Seite wurde mit allegorischen Figuren dekoriert, die religiöse Geschichten zum Thema Wasser einrahmen, zum Beispiel der von dem Wal ausgespuckte Jonas, die Taufe Jesus und das Wunder der Hochzeit von Kanaa.

# Die Loggien und die Scala d'Oro

Um das erste Stockwerk des Palastes zieht sich auf der zum Innenhof gelegenen Seite eine elegante Spitzbogenloggia, deren äußere Fortführung den Blick auf das wunderbare Panorama des Bacino und der Piazzetta freigibt. Von der Loggia gehen viele Räume aus, die nur zum Teil zum offiziellen Rundgang gehören: In dem Flügel aus dem 14. Jh. befinden sich die Büros des Amtes für Denkmal- und Landschaftsschutz für Venedig und die Lagune, in dem Renaissanceflügel die Leitung und die Büros der Fondazione dei Musei di Venezia und in dem daneben liegenden Saal, in dem früher die *Cancelleria inferiore* untergebracht war, ist heute der Bookshop. Früher führte der majestätische Haupteingang über die *Scala dei Giganti*, beim heutigen Rundgang dagegen wird der Palast über die *Scala dei Censori* betreten.

An den Wänden hängen zahlreiche interessante Steinelemente. Besondere Aufmerksamkeit verdienen die Tafel von Papst Urban V. mit der Inschrift, die an den für das Almosen an Gefangene (1362) erteilten Ablass erinnert, die wertvolle *Madonna mit Kind und Engeln* aus dem späten 15. Jh., die sich früher beim *Magistrato alle biade* befand. Sie wird von zwei jungen Schildträgern mit dem Wappen der Mocenigo eingerahmt. Eine Inschrift erinnert an den Aufenthalt Heinrichs III., designierter König von Frankreich, in Venedig, für den Alessandro Vittoria in den Jahren 1574-1575 einen reich dekorierten gemischtlinigen Rahmen mit allegorischen Elementen und zwei kronentragenden Säulenheiligen schuf.

Auch die „Löwenmäuler" sind nicht zu vergessen, die ab dem späten 16. Jh. in unterschiedlichen Bereichen des Palastes angebracht wurden, damit Denunzianten dort geheime Anzeigen einwerfen konnten. Die in an offene Rachen oder Mäuler erinnernde Schlitze eingeworfenen Zettel landeten in Holzkisten, die auf der anderen Seite der Mauer geöffnet werden konnten. Der Name des Denunzianten musste vermerkt sein, aber die Richter hielten ihn streng geheim. Oft richteten sich die Anzeigen an *Magistrature* genannte Behörden, die sehr gefürchtet waren und zügig Maßnahmen ergriffen, wie der *Consiglio dei Dieci* oder die Staatsinquisitoren.

Die Foscari-Loggia zur Piazzetta

Loggia,
„Löwenmäuler" für
geheime Anzeigen

Die Scala d'Oro

*auf den folgenden Seiten*
Die Scala d'Oro,
Detail der
Stuckdekoration,
der Fresken und
der Grotesken

Es ist auch sinnvoll daran zu erinnern, dass die Anklagen vor Beginn der Prozesse sehr streng geprüft wurden. Das galt insbesondere für anonyme Anzeigen, die die Staatssicherheit betrafen.

### *Die Scala d'Oro*

Beim Aufstieg in die Wohnung des Dogen und in die Amtsräume kann der Besucher die kunstvollen, perfekten Stuckaturen mit gerahmten Fresken bewundern, mit denen die Gewölbe der Scala d'Oro geschmückt sind. Die großzügig mit Blattgold belegten Oberflächen verleihen der Dekoration einen besonderen Glanz.

Zu Füßen der Treppe stehen neben dem Eingang zwei Säulen mit den Statuen von *Herkules im Kampf mit der Hydra* und *Atlas, der das Himmelsgewölbe trägt*. Der aus Padua stämmige Künstler Tiziano Aspetti schuf sie im späten 16. Jahrhundert. Obwohl über dem großen Bogen in Richtung Loggia ein Wappen des Dogen Andrea Gritti (1523-1538) thront, begannen die Arbeiten erst einige Jahre später; der endgültige Entwurf wurde langwierig und heftig debattiert, und der Bau erfolgte während der Amtszeit von zwei Dogen, den Brüdern Lorenzo (1556-1559) und Girolamo Priuli (1559-1567), deren Familienwappen in den Stuckaturen abgebildet wird. Die Wahl des *Collegio* fiel auf den 1554 von Jacopo Sansovino vorgelegten Plan. Das Trag- und Mauerwerk wurde erst 1559 fertiggestellt, wie aus dem in den letzten seitlichen Pfeiler links des zweiten Treppenlaufs eingemeißelten Datum ersichtlich ist. Die Dekorateure des Gewölbes waren zwei Jahre später noch an der Arbeit, aber die Ornamente wurden in einem relativ kurzen Zeitraum vollendet. Im Mittelpunkt der gemalten Motive stehen Venus, die auf der von den Venezianern eroberten Insel Zypern geborene Göttin, Neptun, wie die Serenissima Herrscher über die Meere, und die zur guten Regierung erforderlichen Tugenden. Alessandro Volta ist für die Ausführung der Stuckaturen verantwortlich, die eine Reihe von miteinander verbundenen Rahmen abgrenzen und in einigen Fällen auch ausfüllen, in denen viele schmückende Elemente und allegorische Figuren, oft ungeklärter Bedeutung, zu fast vollrunden Figuren werden, während andere kaum hervorstehen oder nur in den Stuck eingeritzt sind. Die als Fresko ausgemalten Bilder in den Rahmen, die Grotesken oder komplexere Szenen darstellen, gehen auf Battista Franco zurück, einen 1561 verstorbenen manieristischen Maler. Grotesken, Kerzenleuchter, Trophäen, ineinander gewundene Pflanzenmotive, seltsame Kreaturen, Maskarone und Phantasietiere bevölkern den Bereich zwischen den Gesimsen von Pfeilern und Bögen. In zwei kleinen Nischen im oberen Bereich der Treppe stehen Statuen von Francesca Segala, eine *Barmherzigkeit* und eine *Fülle*, deren Faltenwurf vom Studium antiker Vorbilder zeugt.

ARABIA PETRÆA
M. Sinai
ARABIA DESERTA
DESERTUM IRAC
Balsxara
Suez
Phara
Eila
Mubeleb
Madian
Caraz
Sicabo
Bubutor
Chifale
Genara
Cofir
Hagiar
THAMUD
Taalabia
Faid
M. SALMA
NAGED R.
Naged
Soride
Istambel
MEDINA
Talnabi
Jambut
Mons Marzoa
Cor
Hagiefa
Muchi
CALPHATUS
Tima
Jemama
JEMAMA
M. GIANADEL
Reinae Coptuf
Kargl.
Carek I.
Rischer I.
Werdestan
SINUS PERSICUS
R. ORMUZ
Plaga ab Arabis habitata
CHADER INSULA
Baharem ubi Malgaritæ piscantur
El-Catif
El-Ahsa
BAHAREN
MASCATE
Cateractae
Cateracta
Idhab
MARE
Angofina
Idhab
Buga
Vallis Fatimae
Cariatain
MECHAE
Gebel Harafat
ZIDEN
Mucare
Jusama
MECHA
Mazabiti P.
ARA
BIA
DESERTA ARENOSA
MAHRE R.
REGIO POPULI GAD
Mugora
Adiuch
Suachen
DEQUIN R.
RUBRUM
Miab
Zerzer
Cor
Gurex
CHAULAN
Marken
SENNAR
Erquiko
DESERTA ARENOSA
NUBIA
Traza
Al-Mahjan
Alorf
TAHAMA
San'aa
Cubit-sarif
ARABIA
FELIX
SEGER
Niban
Pakir
Taphar
Scnibam
Tigdit
R. CARESEN
Elgend
Sequire
Caresen
Mareb
HADRAMUT
Camaran
Tuice
ZIBIT
Ghalafeca
ARZIRAM.
Abin
Mocala
Fartach Prom.
SINUS TAPHAR
Babel I.
Moca
Ara
ADEN
BABEMANDEL FRETUM
Rochet Prom.
SOCOTORA I.
Zeila
Barbora
Curia I
Prom. Guardafui
ABISSINIA
TRIERARCUS VENETUS INIURIA TEMPORIS ANONYMUS
ANNO MDXXXVII. TURCICA IN CLASSE CAPTIVUS OBSIDIO-
NEM DIU INDORUM OPPIDI ITA ENARRAVIT UT PROBATI-
ORES HISTORICI EUM VIDEANTUR SECUTI ORAS PRÆ-
TEREA ET FUNDUM MARIS ERYTREI ITA DESCRIPSIT
UT RECENTIORES GEOGRAPHI VEL NOVIS ASTRONO-
MIAE FRETI SUBSIDIIS FERE CONSENTIANT. EX VE-
NETIS VERO QUI PER AEGYPTUM AUT PERSIDEM AD
INDOS ET MERIDIONALEM AFRICAM PERVENERUNT
NONDUM PERVIO PER AETHIOPICUM ACCESSU JOANES
GRADONICUS NICOLAUS BRANCALEONIUS ET BONAJUTUS
DE ALBANIS HABITI MEMORATU DIGNI

# Die Dogenwohnung

Steigt man auf der Scala d'Oro ins erste Stockwerk und nimmt dann den rechten Treppenlauf, betritt man durch einen großen Korridor die Dogenwohnung, die sich seit jeher in diesem Flügel des Palastes in unmittelbarer Nähe der Apsis des Markusdoms befindet. Die durch den Brand 1483 zerstörten und kurz darauf nach einem Entwurf von Antonio Rizzo und Pietro Lombardo renovierten Räume sind nur im Deckenbereich, an den Friesen und an den Kaminen dekoriert, da jeder Doge nach der Wahl mit den Einrichtungsgegenständen aus der Residenz der eigenen Familie dort einzog, die nach seinem Tod seinen Erben zufielen. Die Wohnung des Dogen befand sich zwar in dem prestigereichen Palast, bot jedoch nur wenig Raum für das Privatleben, da die Säle in der Nähe der *Scala d'Oro* für öffentliche Zwecke genutzt wurden.

Die Figur des Dogen, der mit einem komplexen Verfahren, das Absprachen und Wahlmanipulationen vorbeugen sollte, vom Großen Rat ernannt wurde, geht auf den antiken *dux* zurück, der die Lagune Venetiens unter der Herrschaft von Byzanz regierte. Im Rahmen der republikanischen Ordnung Venedigs hatte er das höchste Amt des Staates inne und wurde zum Symbol von Grandeuer und Prestige. Bei seiner offiziellen Amtseinsetzung musste er einen Eid ablegen, den sogenannten *promissione ducale*, eine Reihe von Vorschriften und minutiösen Erläuterungen seiner Befugnisse. Das Handeln des Dogen wurde kontinuierlich überwacht, um einen zu persönlichen Stil oder den Missbrauch der Macht zu verhindern. Diese Achtsamkeit endete nicht einmal mit dem Tod des Dogen, wie die Einberufung einer zeitlich begrenzten *Magistratura* für diesen Zweck zeigt, die der *Drei Inquisitoren über den verstorbenen Dogen*.

Sala dello Scudo, Francesco Grisellini und Giustino Menescardi, *Nubien, Arabien* und *Persien*, 1762-1763

*Sala degli Scarlatti*

Der Saal, der einst als Vorzimmer für die Berater des Dogen diente, nach deren purpurroten Gewändern er vermutlich benannt wurde, ist mit einer von Pietro und Biagio da Faenza entworfenen, geschnitzten Holzdecke ausgestaltet (frühes 16. Jh. mit späteren Zusätzen). Der Kamin aus der

Aufeinanderfolgende Säle in der Dogenwohnung

Dogenwohnung, *Sala degli Scarlatti*, Vincenzo Catena, *Heiligenbild des Dogen Leonardo Loredan*

Lombardo-Werkstatt trägt das Wappen des Dogen Agostino Barbarigo, der von 1486 bis 1501 im Amt war. Die Steinreliefs aus dem 16. Jh. oberhalb der Türen zeigen eine *Madonna mit Kind* (1529) im Stile der Paduaner Schule und eine *Vom Dogen Leonardo Loredan und Heiligen angebetete Madonna*, die von Künstlern aus dem Umfeld der Lombardo-Familie stammt. Zwei mit Fresken ausgemalte Lünetten zeigen eine *Madonna mit Kind* des frühen Tizian und die *Auferstehung* von Giuseppe Porta, genannt *il Salviati*, die sich früher auf dem unteren Treppenpodest der *Scala dei Senatori* befanden.
Die kleine Holzbild stammt von Vincenzo Catena und stellt den Dogen Leonardo Loredan mit dem Heiligen Markus beim Anbeten der Jungfrau und des Heiligen Johannes des Täufers dar.

*Sala dello Scudo*
Zwei große Globen aus dem 18. Jh., auf denen die Himmelsphäre und die Erdsphäre dargestellt werden, stehen in der Mitte des Saals, der die gesamte Länge des Gebäudeteils vom Kanal bis zum Innenhof einnimmt und in der Anordnung an den typischen Grundriss venezianischer Häuser erinnert. In diesem Repräsentationssaal für Empfänge und offizielle Zusammenkünfte musste das Wappen des amtierenden Dogen zu sehen sein:

heute ist dort über der Wandverkleidung das Wappenschild des letzten Dogen, Ludovico Manin (1789-1797), ausgestellt. Die Karten wurden in der Originalversion nach dem Brand von 1483 von dem Geografen und Humanisten Giovanni Battista Ramusio, dem Griechen Giovanni Domenico Zorzi und dem Piemontesen Giacomo Gastaldi gezeichnet und später auf Initiative des gebildeten Dogen und Literaten Marco Foscarini (1762-1763) unter Hinzufügen neuer Malereien vollendet. Das Werk wurde in kurzer Zeit durch den Kartographen Francesco Grisellini fertiggestellt, der mit dem Maler aus der Schule Tiepolos Giustino Menescardi zusammenarbeitete, der auch Autor der Inschriften und der Figureneinsätze war. Die Karten zeigen Länder jedes Kontinents, die Mittelmeerstaaten, Skandinavien und die Inseln in der Nähe des Eismeers, die Regionen Nordamerikas, die Länder am südlichen Atlantik, China, Indien und Kleinasien und erinnern damit auch an die Reisen einiger berühmter venezianischer Reisenden und Entdecker wie Marco Polo, Giovanni und Sebastiano Caboto, Nicolò Zen, der 1380 Grönland erreichte, Pietro Querini, der in den norwegischen Fjorden Schiffbruch erlitt, und Alvise da Mosto, der 1456 die kapverdischen Inseln entdeckte.

*Sala Grimani*

In diesem Saal wurden einst die Audienzen des Dogen abgehalten und hier hing sein Porträt. Er wurde in der Amtszeit von Marino Grimani (1595-1605) dekoriert, der die Decke mit vergoldeten Schnitzereien, in denen auch sein Wappen zu sehen ist, und das von Giulio dal Moro gemalte Fries mit allegorischen Figuren in Auftrag gab. Über dem mit einem Flachrelief mit Gottheiten und Meeresfiguren, die den Markuslöwen umringen, geschmückten Kamin aus der Lombardo-Werkstatt hängt eine Stuckhaube, die während der Amtszeit des Dogen Pasquale Cicogna (1585-1595) hinzugefügt wurde. Auf den Gemälden an den Wänden ist der *Markuslöwe* zu sehen. Außer den Werken von Jacobello del Fiore (1415) und Donato Veneziano (1459) verdient der berühmte *Leone 'andante'* von Vittore Carpaccio besondere Aufmerksamkeit, der 1516 signiert und datiert wurde. Im Hintergrund ist eine Vedute des Dogenpalastes mit der Piazzetta zu sehen. Der Löwe, dessen hintere Pranken auf den Wellen ruhen, ist ein Sinnbild der Herrschaft Venedigs über die Erde und das Meer.

*Sala Erizzo*

Auch dieser Saal besitzt eine vergoldete und geschnitzte Decke vor einem hellblauen Hintergrund und einen Kamin aus der Lombardo-Werkstatt. Darüber thront eine Haube mit Stuckfiguren von Venus und Vulkan. Dieser Zusatz geht auf die Amtszeit des Dogen Francesco Erizzo (1631-1646) zurück, eines erfolgreichen Kriegers, an dessen heldenhafte Unternehmungen das Gemälde von Giovanni Battista Lorenzetti mit Putten und Kriegsgerät erinnert. Einige Dogenporträts anonymer Künstler des 17. Jh. hängen neben drei schönen Bildern mit religiösem Motiv von Girolamo Bassano (*Der Aufstieg auf den Kalvarienberg, Die Arche Noah, Die Präsentation im*

Sala dello Scudo mit zwei Globen aus dem 18. Jh.

*auf den folgenden Seiten*
Sala dello Scudo, Francesco Grisellini und Giustino Menescardi, *Italien, Griechenland und Kleinasien,* 1762-1763

*auf den Seiten 62-63*
Sala Grimani, Vittore Carpaccio, *Leone andante,* 1516

Sala Grimani, Donato Veneziano, *Leone andante,* 1459

Sala Grimani, Jacobello del Fiore, *Leone andante,* 1415

Sala degli stucchi oder Priuli

*Tempel*) und einem kleinen Gemälde aus dem 18. Jh., auf dem der *Doge Sebastiano Ziani vor Papst Alexander III.* zu sehen ist. Eine Leiter neben dem Fenster führte in den kleinen Hängegarten mit Blick auf den Hof.

*Sala degli stucchi oder Priuli*

Die Gewölbe und der Kamin wurden vom späten Manieristen Giulio dal Moro während der Amtszeit von Marino Grimani (1595-1605) und Antonio Priuli (1618-1623) elegant mit Stuck dekoriert. An den Wänden hängen neun Gemälde aus der *Procuratia de supra* in 1744 vom Tessiner Künstler Carpoforo Mazzetti im Auftrag des Dogen Pietro Grimani geschaffenen Bilderrahmen. Neben religiösen Szenen verschiedener Autoren (Bonifacio de' Pitati, Pordenone, Salviati, Bassano-Werkstatt) wird hier auch ein Werk aus dem Umfeld von Jacopo Tintoretto, das *Porträt von Heinrich III.* ausgestellt, der 1574 während seiner Rückreise von Polen nach Frankreich, wo er den nach dem Tod seines Bruders Karl IX. frei gewordenen Thron besteigen sollte, in Venedig mit großen Feierlichkeiten begrüßt wurde.

*Sala dei Filosofi*

Dieser rechtwinklig zur *Sala dello Scudo* angelegte Raum wurde auf Wunsch des Dogen Marco Foscarini dekoriert, der in Stuckrahmen zwölf Bilder antiker Philosophen aufhängen ließ, die in der zweiten Hälfte des Cinquecento von Paolo Veronese und anderen Meistern für die *Biblioteca Marciana* gemalt worden waren. Als diese 1929 wieder an ihren Ursprungsort zurück-

SINUS
LIGUSTICUS
MARE TYRRHE
MAR
MARE
CORSICA
SARDINIA
MEDIOLANI
DUCATUS PARMAE
THUSCIA
VENETIA
GENOVA
FIRENZE
SIENA
LIVORNO
ELBA
BONIFACIO
CAGLIARI
SASSARI
ALGHERI
ORISTAGNO
I.HANCQUAE. SOLA
MUSIANIS. FATO
THEATRUM. VENETAE
ATIONIS. PER MEDI
EUM. EXIBENTEM.
STA. RHAMUSIUS.
SIT. VIR. MULTIPLICI
TIONE. ET PRIMA
ERUM COLECTIONE
SOLERTER. CURATA
INSIGNIS.

ADRIATICUM.
MARE ILLYRICUM
HUNGARIA
SCLAVONIA
CROATIA
BOSNIA
DALMATIA
SERVIA
RASCIA
ALBANIA
MACEDONIA
EPIRUS
THESSALIA
S. MANFREDONIAE
S. TARENTINUS
S. POLICASTRI
S. SQUILACI
S.S. EUFEMIAE
G. DI LODRIN
G. della VALLONA
G. DI NARENTA
RAGUSINA RES.
MARE IONIUM
AE INSULAE
SICILIA

PAX
TIBI
MAR
CE E
VAN
GELI
STA
MEVS

Sala dei Filosofi, Durchgang zum zweiten Stock, Tiziano Vecellio, *Der Hl. Christophorus mit Kind auf den Schultern*, 1523-1524

Sala Corner, Filippo Zaniberti, *Das Bankett des Dogen Giovanni I Corner*, ca. 1625

kehrten, wurden an dieser Stelle Porträts und allegorische Figuren aus dem 17. Jh. aufgehängt. Eine kleine Tür in der zum Hof gerichteten Wand führt auf eine Innentreppe, über die der Doge schnell die Räume im oberen Stockwerk erreichen konnte, in denen das *Collegio* und der Senat zusammentraten. Dreht man sich nach den ersten Stufen um, kann man das imposante Bild des *Hl. Christophorus mit dem Kind auf den Schultern* bewundern, ein von Tizian 1523-1524 im Auftrag des Dogen Andrea Gritti ausgeführtes Fresko mit zahlreichen symbolischen und ideologischen Anspielungen. Das jugendliche Meisterwerk des Malers aus Pieve di Cadore, das in nur drei Tagen vollendet wurde, zeichnet sich durch große Originalität aus. Der hilfreiche Heilige durchquert keinen Fluss, sondern die Lagune von Venedig. Die Stadt ist an dem unverwechselbaren Profil des Dogenpalastes, des Markusdoms und des Campanile gut erkennbar.

*Sala Corner*

Dieser Saal hatte wie der darauffolgende Porträtsaal keine bestimmte Funktion. Der Marmorkamin aus dem späten 16. Jahrhundert ist mit einem Fries dekoriert, das geflügelte Putten auf Delfinen darstellt. In der Mitte sind auf dem gemalten Band im oberen Bereich der Wand Markuslöwen,

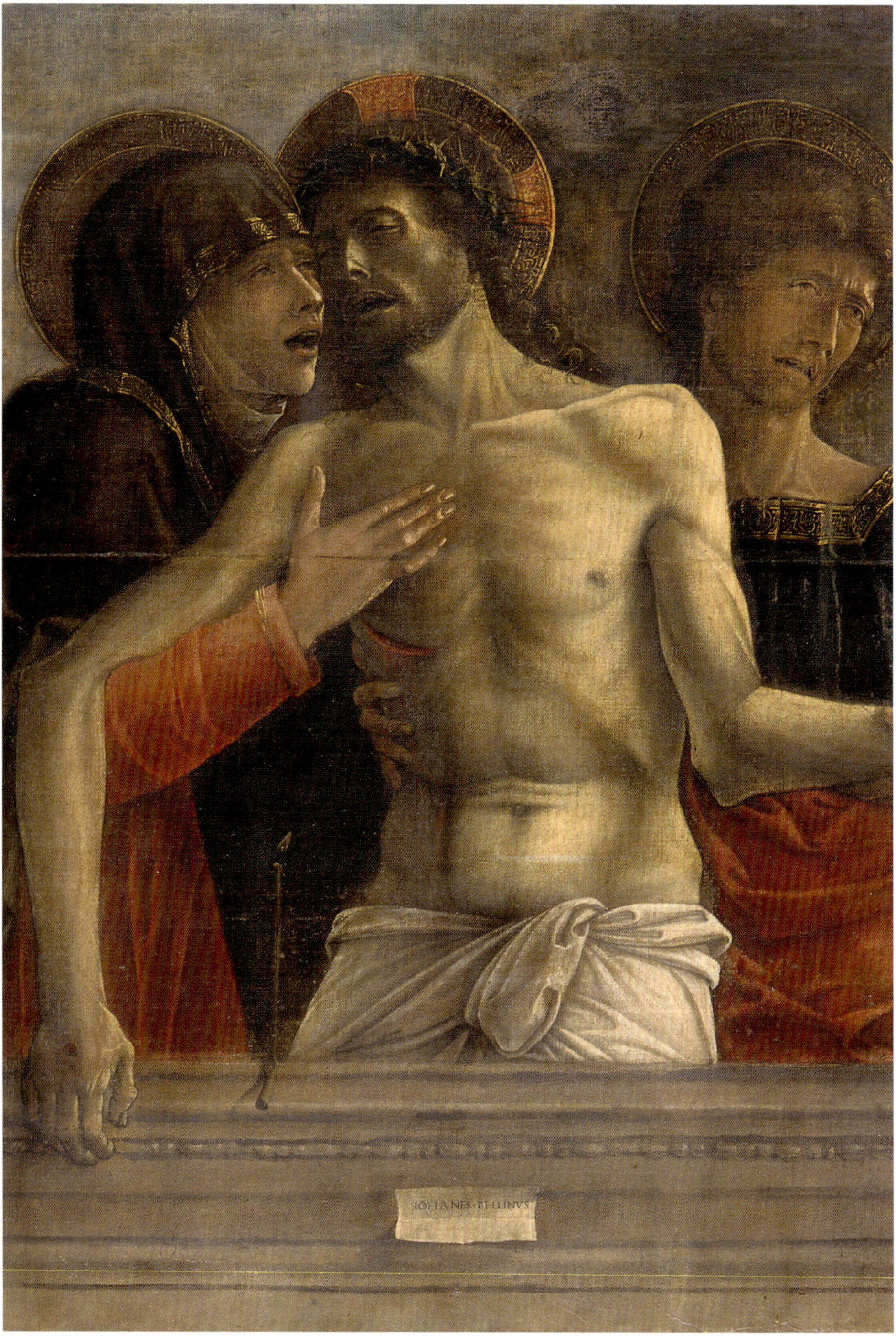
IOHANNES·BELLINVS

Porträtsaal, Gentile und Giovanni Bellini, *Beweinung Christi mit den Heiligen Markus und Nikolaus,* Detail, ca. 1472

Putten und die Personifikationen der zwölf Monate zu sehen. Außer einer Ahnentafel der Familie Foscarini und einer Darstellung der *Schlacht am Fuße des Ponte dei Pugni in San Barnaba* aus dem frühen 17. Jh., in der ein in Venedig sehr beliebtes „Spiel" gezeigt wird, sind zwei Gemälde von Filippo Zaniberti mit Episoden aus der Amtszeit des Dogen Giovanni I. Corner (1625-1629), einem feierlichen Bankett und einem Besuch auf der Insel San Giorgio, zu sehen.

*Porträtsaal*
Der kleine Saal besitzt einen Kamin aus der Lombardo-Werkstatt, der zu Zeiten des Dogen Agostino Barbarigo geschaffen wurde. Neben einer *Madonna mit Kind auf dem Thron* von Alvise Vivarini und einer *Betenden Jungfrau* aus der Schule Giottos hängt hier auch die berühmte *Beweinung Christi mit den Heiligen Markus und Nikolaus* von Giovanni Bellini, deren ursprünglicher Platz in der Palastkapelle war. Obwohl das Kunstwerk vom Künstler selbst signiert ist, malte er es vermutlich gemeinsam mit seinem Bruder Gentile um 1472.

*Sala degli Scudieri*
Es handelt sich um den Raum, in dem sich einst der Haupteingang zur Dogenwohnung befand. Von der Originaldekoration sind nur noch ein Teil der Decke und das prunkvolle Portal erhalten, das in die *Sala dello Scudo* führt. Darüber prangt eine von Giulio dal Moro geschaffene allegorische Gruppe mit dem Wappen des Dogen Marcantonio Memmo (1612-1615). An den Wänden sind zwei Gruppenporträts aus dem frühen 17. Jh. mit Vertretern der *Scuola dei Calegheri* (Schuhmacher) zu sehen. Es handelt sich um Werke von Domenico Tintoretto und seiner Werkstatt. Die Schildträger, nach denen der Saal benannt ist, wurden vom Dogen auf Lebenszeit ernannt und sorgten für die Vorzimmerdienste. Außerdem begleiteten sie ihn auf Umzügen und Prozessionen und trugen die Symbole seiner hohen Würde.
Hinter den hölzernen Türflügeln aus dem Cinquecento in Richtung *Scala d'Oro* führt der Rundweg in die öffentlich genutzten Säle im Obergeschoss.

# Die Amtsräume

Im zweiten Obergeschoss des Palastes befinden sich in dem nach dem Brand 1483 wieder aufgebauten Flügel eine Reihe prunkvoller Räume, die größtenteils nach 1574 dekoriert wurden, als das Feuer erneut den Bestand des Gebäudes bedrohte, dann aber glücklicherweise nur diesen Bereich beschädigte. Wände und Decken der Säle wurden mit Stuckdekorationen, Skulpturen, Schnitzereien und Gemälden der drei großen Meister der venezianischen Kunst des Cinquecento – Tizian, Tintoretto und Veronese – geschmückt. Damit sollten die Öffentlichkeit sowie Botschafter und hoch gestellte Gäste beeindruckt werden, die im *Collegio* empfangen wurden, um die Pracht der Republik immer wieder neu zu verherrlichen.

Die zunehmende Anzahl von Aufgaben, die der Große Rat, die Versammlung der männlichen Mitglieder aller Familien des Lagunenpatriziats, wahrnehmen musste, stärkte im 14. Jh. die Autorität der bestehenden Organe mit geringerer Mitgliederzahl. Dazu gehörte der Senat, der mit größerer Entscheidungsfähigkeit, schnelleren Maßnahmen in unterschiedlichsten Bereichen und Vertraulichkeit in heiklen Fragen agieren kann. Eine Verschwörung, die 1310 die politische Einheit der Serenissima gefährdete, führte zur Gründung eines noch kleineren Gremiums, des gefürchteten *Consiglio dei Dieci* (*Rat der Zehn*), das zeitnah und mit äußer Strenge handelte. Es war mit weitreichenden Befugnissen ausgestattet, dank der es eventuelle Umsturzversuche von Anfang an ersticken und die Staatssicherheit mit eiserner Hand schützen konnte.

In diesen Räumen wurden die grundlegenden Entscheidungen getroffen, die die tausendjährige Geschichte Venedigs bestimmt haben. Hier erklingt das Echo der ruhmreichen, aber weit zurückliegenden Zeiten, in denen sich der Doge und die *Magistrati* in langen schwarzen, hellblauen oder purpurroten Gewändern zwischen viel beschäftigten Sekretären und Wachen in Versammlungen begaben.

Sala del Collegio, Jacopo Tintoretto und Werkstatt, *Der Doge Andrea Gritti bei Anbetung der Jungfrau*

*Quadratischer Atrium*

Dieser Saal liegt am Ende des letzten Treppenlaufs der *Scala d'Oro* und

führt in die Räume, in denen die wichtigsten Gremien des politischen Lebens der Serenissima zusammenkamen. Er wurde während der Amtszeit von Girolamo Priuli (1559-1567) erneuert, der in der Mitte der Decke gemeinsam mit dem gleichnamigen Heiligen und den Personifizierungen der Gerechtigkeit und des Friedens in dem achteckigen Gemälde von Jacopo Tintoretto verewigt ist, aus dessen Werkstatt auch die acht seitlichen Felder mit monochrom ausgeführten biblischen Episoden (*Das Urteil des Salomon*, *Die Königin von Saba vor Salomon*, *Sanson besiegt das Feindesheer*, *Esther und Xerxes*) und die Putten als Sinnbild der Jahreszeiten stammen; der allegorisch-verherrlichende Zyklus wurde an den Wänden durch vier mythologische Motive abgerundet, die ebenfalls von dem berühmtem venezianischen Meister gemalt und später in das *Anticollegio* verlagert wurden. Zurzeit werden Bilder mit religiösen Sujets aus dem späten Cinquecento hier ausgestellt, eine *Verkündigung an die Hirten* von Girolamo Bassano und drei Gemälde, die Kritiker dem Umfeld von Paolo Ve-

ronese zuschreiben: *Die Vertreibung Adams und Evas aus dem irdischen Paradies, Das Gebet im Garten* und *Der Hl. Johannes schreibt die Apokalypse.*

Quadratischer Atrium, Decke, Jacopo Tintoretto, *Der Doge Girolamo Priuli mit dem gleichnamigen Heiligen vor der Gerechtigkeit und dem Frieden,* 1565-1567

Quadratischer Atrium

*Sala delle Quattro Porte*

Die *Sala delle Quattro Porte* (Saal der vier Türen) ist ein prunkvoller Raum, der sich vom Innenhof bis zum Kanal über die gesamte Breite dieses Stockwerks erstreckt. Er diente einerseits der Repräsentanz auf höchster Ebene, als Warteraum vor Einlass in die *Consigli* und andererseits als Verbindung zwischen den Räumen, in denen die höchsten Magistraturen der Republik zusammentraten. Die durch den Brand im Jahr 1574 ausgelösten Schäden wurden in kurzer Zeit von Antonio da Ponte nach einem Entwurf von Andrea Palladio und Giovanni Antonio Rusconi behoben. Das Tonnengewölbe, das nur wenige Jahre zuvor von Giuseppe Salviati dekoriert worden war, wurde komplett im „römischen Stil" mit Gold und Stuckaturen umgestaltet, die größtenteils von Giovanni Battista Cambi,

genannt Bombarda, ausgeführt wurden. In den Lünetten und an der Decke tummeln sich zwischen prachtvollen Rahmen Festons und Grotesken von Baldissera di Guglielmo, allegorische Figuren, Gottheiten, Putten, geflügelte Kinderfiguren, Sirenen und Tritone, die die Symbolkraft der Fresken verstärken, deren komplexes Bildprogramm von dem vielseitigen Autor Francesco Sansovino zusammengestellt wurde.
Ausgeführt wurde es von Jacopo Tintoretto (1577), aber von seinem Werk ist nur noch wenig erhalten; aufgrund von Feuchtigkeit und normalem Verschleiß waren zwischen dem 17. und 19. Jh. Renovierungen und zum Teil auch gänzliche Ersetzungen erforderlich. (In den ovalen Feldern sind Personifizierungen von Städten und Regionen zu sehen, die Venedig unterworfen waren (*Verona*, *Istrien*, *Brescia*, *Padua*, *Friaul*, *Treviso*, *Vicenza*, *Altino*), während die größeren Ausschnitte *Jupiter übergibt Venedig die Herrschaft über die Adria* in der Mitte, *Juno bietet Venedig die Insignien der Macht* und *Venedig sprengt das Joch der Sklaverei* in den seitlichen Rund-

bildern zeigen. Das auf einer Staffelei ausgestellte Gemälde *Neptun bietet Venedig die Schätze des Meeres* von Giambattista Tiepolo (ca. 1758) hing früher über dem Fenster mit Blick auf den Kanal und stammt aus der Umgestaltung im 18. Jahrhundert. Daran ist eindeutig zu erkennen, dass der Künstler die Modelle Paolo Veronese hoch schätzte. Das Bild *Venezia stützt sich auf die Welt* auf der Innenhofseite stammt dagegen von Nicolò Bambini.

Jeder der vier Türen, die in den Plänen Palladio zugeschrieben werden und nach denen der Saal benannt ist, entspricht eine Skulpturengruppe aus dem späten Cinquecento, die auf die Aufgaben und die Besonderheiten der Regierungsorgane hinweist, zu deren Eingang sie führen. *Die Wachsamkeit*, *Die Eloquenz* und *Die Einfachheit der Audienz* von Alessandro Vittoria für das *Collegio*, *Der Frieden*, *Pallas* und *Der Krieg* von Girolamo Campagna für den Senat, *Die Autorität*, *Die Religion* und *Die Gerechtigkeit* von Francesco Castelli für das *Consiglio dei Dieci*, und zum

Sala delle Quattro Porte, Giambattista Tiepolo, *Neptun bietet Venedig die Schätze des Meeres*, ca. 1758

Schluss *Die Vetraulichkeit*, *Die Sorgfalt* und *Die Treue* von Giulio dal Moro für die *Cancelleria*.
Die Wanddekoration, die sich auf religiöse Szenen und Erinnerungen an historische Ereignisse konzentriert, wurde zu Beginn des 17. Jh. nach und nach vollendet. Auf der an das *Anticollegio* und den *Senat* angrenzenden Seite sind das Werk *Die Botschafter von Nürnberg erhalten vom Dogen Leonardo Loredan die venetischen Gesetze* von Carlo und Gabriele Caliari, von denen auch *Der Empfang der persischen Delegation beim Dogen Pasquale Cicogna im Collegio* stammt, und *Die Ankunft Heinrich des III. von Frankreich, empfangen vom Dogen und vom Patriarchen in San Nicolò del Lido* von Andrea Vicentino (die Triumphbogenkonstruktion stammt von Palladio) zu sehen, auf der gegenüberliegenden Seite *Der Doge Antonio Grimani beim Anbeten des Glaubens* und *Der Hl. Markus* von Tizian mit Zusätzen seines Neffen Marco Vecellio und *Die Venezianer erobern Verona* sowie *Der Doge Marino Grimani beim Anbeten der Jungfrau und Heilige* von Giovanni Contarini.

Sala delle Quattro Porte

*Sala dell'Anticollegio*

In diesem prunkvollen Ehrensaal warteten ausländische Botschafter und Delegationen genauso auf den Empfang durch die *Signoria* wie venezianische Amtsträger, die nach Erfüllung ihrer Aufträge aus dem Seestaat oder den der Stadt unterworfenen Gebieten auf dem Festland zurückkehrten.

Sala dell'Anticollegio, Girolamo Campagna (?) und Tiziano Aspetti, *Kamin mit Helmzier aus Stuck*, spätes 16. Jh.

Sala dell'Anticollegio in Richtung Sala delle Quattro Porte

Sala dell'Anticollegio, Jacopo Tintoretto, *Venus vermählt Ariadne und Bacchus*, 1577-1578

Auch das *Anticollegio* wurde durch den Brand des Jahres 1574 beschädigt, der auch zum Verlust der einst berühmten Italienkarte führte. Es wurde nach einem Entwurf von Andrea Palladio und später von Vincenzo Scamozzi restauriert. Scamozzi ist insbesondere die Gestaltung des monumentalen Kamins mit den beiden Marmortelamonen zu verdanken, die von einigen Girolamo Campagna und von anderen Tiziano Aspetti zugeschrieben werden, der sicherlich (wie an der Signatur erkenntlich) das Relief *Venus bittet Vulkan um Waffen für Aeneas* schuf, das im oberen Bereich von ornamentalen Voluten, Putten und in den Stuck modellierten Akten eingerahmt wird. Die gleiche Technik kommt auch in der plastischen Dekoration der Wände und der Decken zur Anwendung, die von Marco d'Agnolo del Moro in den Jahren 1576-1577 geschaffen wird, der eine Reihe von Voluten mit Festons und Gottheiten umgibt und in der Mitte das Achteck mit dem heute stark beschädigtem Fresko von Paolo Veronese *Venedig verteilt Reichtum und Auszeichnungen* positioniert.
Auch bei den von Francesco Montemezzano im oberen Bereich der Wände gemalten Szenen handelt es sich um Fresken. Bis in die zwanziger Jahre des 18. Jh. waren die Wände mit so genannten *cuoridoro* verkleidet,

Paneele aus bedrucktem und vergoldetem Leder, die für die Einrichtung venezianischer Häuser charakteristisch waren. In diesem Saal wurden dann die vier Gemälde mit mythologischem Motiv aufgehängt, die Jacopo Tintoretto 1577-1578 für den quadratischen Atrium gemalt hatte: *Merkur und die Grazien*, *Pallas vertreibt Mars*, *Venus vermählt Ariadne und Bacchus* und *Die Schmiede des Vulkan*. Dabei handelt es sich um die Allegorien der Jahreszeiten, die auch politisch interpretiert werden können und den vorsichtigen und weisen Regierungsstil der Republik versinnbildlichen sollen. Die anderen in diesem Saal ausgestellten Gemälde wurden der Republik 1713 von dem Patrizier Bertucci Contarini hinterlassen; es handelt sich um die *Rückkehr Jakobs nach Kanaan* von Jacopo Bassano und den herausragenden *Raub Europas* von Paolo Veronese, das weltberühmte Meisterwerk des Künstlers. Zwei kostbare, frei stehende Marmorsäulen stützen den Tympanon des Portals, das zur *Sala del Collegio* führt. Darauf thronen drei Skulpturen von Alessandro Volta, Personifizierungen von *Venedig*, *Eintracht* und *Ruhm*.

*Sala del Collegio*

In diesem Saal trat der *Pien Collegio* zusammen, ein staatliches Organ, das die *Signoria* (der Doge und seine sechs Berater, also das *Minor Consiglio* und drei Leiter der Quarantia Criminal) und die Weisen (sechs aus dem *Consiglio*, fünf von der *Terraferma* und die gleiche Anzahl von den *Ordini*) umfasste. Er besaß politische, wirtschaftliche, militärische und rechtsprecherische Befugnisse, diskutierte die im Senat vorzubringenden Themen, hörte die dem Staatsgeheimnis unterworfenen Nachrichten aus dem Ausland und empfing Diplomaten und Nuntien.

Die Gemäldezyklen von Giovanni Bellini und Tizian, die diesen Raum schmückten, wurden 1574 von den Flammen zerstört. Andere Künstler hinterließen Meisterwerke, die die Pracht der Serenissima und ihrer Regierenden hervorhoben. Zahlreiche Dekorationen wurden in einem relativ kurzen Zeitraum geschaffen und verliehen der Ausstattung des Raums ein einheitliches Erscheinungsbild. Die originalen Holzstühle wurden in dem Jahr nach dem Brand erstellt, während die reich vergoldeten Deckenschnitzereien einige Zeit später von Andrea da Faenza und Francesco Bello vollendet wurden. Autor der Gemälde in den Rahmen ist Paolo Veronese (1575-1577). In einer Reihe monochromer Ovalbilder sind Szenen aus der alten Geschichte zu sehen, in den acht Feldern dagegen die zur guten Regierung erforderlichen Tugenden (von hinten: *Treue* und *Prosperität*, *Milde* und *Achtsamkeit*, *Einfachheit* und *Dialektik*, *Belohnung* und *Mäßigkeit*). Die zentralen Allegorien sind zum besseren Verständnis mit lateinischen Inschriften überschrieben. *Mars und Neptun* versinnbildlichen die Kraft der Herrschaft („robur imperii"), das *Opfer* ist die Grundlage des Staates („Rei Publicae fundamentum") und hängt mit der nie aufgegebenen *Religion* zusammen („numquam derelicta"), das Rechteck mit *Venedig auf dem Thron, Frieden und Gerechtigkeit* am Schluss ruft die Hüter der Freiheit („custodes libertatis") ins Gedächtnis. Von dem Maler aus Verona stammt

Sala dell'Anticollegio,
Paolo Veronese,
*Raub Europas*,
1576-1580

auch das Gemälde oberhalb des *Tribunale* (einer hölzernen Bank), auf dem der Sieg über die Türken in Lepanto dargestellt wird. Es zeigt den *Dogen Sebastian Venier beim Anbeten des Erlösers, mit dem Glauben, der Hl. Justina, dem Hl. Markus und Venedig* (1677-1578). In dem Saal sind weiterhin einige von Jacopo und Domenico Tintoretto in den Jahren 1581 und 1584 gemalte Votivbilder ausgestellt: an der Wand in Richtung *Anticollegio* zunächst *Der Doge Andrea Gritti bei Anbetung der Jungfrau mit Kind* (das Motiv wurde dem verloren gegangenen Original von Tizian nachempfunden), dann an der an den Senat angrenzenden Wand *Die mystische Hochzeit der Hl. Katharina mit dem anbetenden Dogen Francesco Donà*, *Die Jungfrau mit Kind wird von dem Dogen Nicolò da Ponte angerufen* und zuletzt *Der Doge Alvise Mocenigo bittet den Erlöser um das Ende der Pest von 1576*. Der Skulpturenschmuck umfasst den imposanten Kamin aus dem späten 16. Jahrhundert mit den von Girolamo Campagna signierten Marmorskulpturen *Herkules und Merkur* und in der Mitte eine Helmzier aus Stuck von Giulio dal Moro, auf der der *Frieden* zwischen der *Wachsamkeit* und dem *Glauben an die Freundschaft* zu sehen ist. Die Wanduhr gegenüber den Fenstern begleitete das Verstreichen der Zeit zwischen den Sitzungen.

*Sala del Senato*

Der Senat, der auch *Consiglio dei Pregadi* genannt wurde (seine Mitglieder wurden in der Vergangenheit schriftlich gebeten, auf Italienisch „pregati",

an der Sitzung teilzunehmen), entstand laut den Chroniken 1229 als jährliche, vom Großen Rat ernannte Versammlung und wurde erst 1506 zu einer regelmäßig zusammentreffenden Institution. Zum Senat gehörten sechzig Patrizier und eine *zonta* gleicher Anzahl. Bei den Sitzungen kamen das *Minor Consiglio*, die *Quarantie*, die *Avogadori di Comun* und der *Consiglio dei Dieci* sowie die *Savi* (Weisen) und je nach Thema auch andere Magistrate hinzu, so dass sich die Gesamtzahl bis auf zweihundert Mitglieder erhöhen konnte. Die *Savi*, die kein Stimmrecht besaßen, blieben sechs Monate im Amt und hatten die wichtige Aufgabe, die Vorgänge vorzubereiten, die während der Versammlungen bearbeitet wurden, und die Ausführung der *parti* (Gesetze) zu überwachen. Die Themen reichten von der allgemeinen Politik und der Außenpolitik über die Verwaltung der Gebiete auf dem Festland, militärische Fragen, Seefahrt und Seehandel bis zur Kontrolle des Arsenals.

Auch dieser Saal wurde von dem Brand im Jahre 1574 nicht verschont, auf den eine zügige, von Antonio da Ponte geleitete Restaurierung folgte. Zuerst wurden die Holztribüne und die Decke nach einem Entwurf des Kartographen und Dekorateurs Cristoforo Sorte durch die gleichen Handwerksmeister erneuert, die bereits die *Sala del Collegio* dekoriert hatten, Andrea da Faenza und Francesco Bello. Die Arbeiten zogen sich über mehrere Jahre hinweg, wie aus dem Wappen des Dogen Pasquale Cicogna (1585-1595) ersichtlich ist, das zwischen den kunstvollen Goldschnitzereien erscheint. In der Mitte ist das Gemälde von Jacopo und Domenico Tin-

Sala del Collegio, Decke, Paolo Veronese, *Dialektik*, 1575-1577

toretto *Der Triumph von Venedig* zu sehen, das von Werken umgeben ist, auf denen die Macht und die Tugenden der Republik durch verschiedene Künstler verherrlicht werden (Jacopo Palma der Jüngere, Andrea Vicentino, Antonio Aliense, Marco Vecellio, Tommaso Dolabella und Girolamo Gambarato).

Die Wände des Saals, die ursprünglich für eine Serie von Karten von Cristoforo Sorte gedacht waren, auf denen das gesamte Herrschaftsgebiet der Republik dargestellt werden sollte, sind mit zwei Uhren geschmückt. Eine ist mit Tierkreiszeichen, allegorischen Szenen und Votivbildern aus dem späten 16. Jh. verziert. Über dem *Tribunale* ist der *Von Engeln getragene tote Christus, der von den Dogen Pietro Lando und Marcantonio Trevisan angebetet wird* von Jacopo Tintoretto und seiner Werkstatt zu sehen, gegenüber der Gemäldezyklus von Palma dem Jüngeren *Die Dogen Lorenzo und Girolamo Priuli beten den triumphierenden Christus an*. Daneben erscheint der Markusdom im Hintergrund eines weiteren Tintoretto-Gemäldes: *Der Doge Pietro Loredan kniet vor der Jungfrau*. Darauf folgen *Der Doge Pasquale Cicogna fleht Christus an* und *Der Doge Francesco Venier präsentiert die unterworfenen Städte in Venedig* von Palma dem Jüngeren. Er ist auch der Autor einer einzigartigen Darstellung im Bereich des Eingangs zur *Sala del Collegio*. Mit der *Allegorie der Liga von Cambrai* wird der Sieg der Republik über die antivenezianische Koalition des Jahres 1508 verherrlicht. Europa reitet auf einem wütenden Stier und will sich auf die von dem Dogen Leonardo Loredan angespornte junge Frau mit dem Schwert stürzen, eine Personifizierung der Serenissima, während zwei geflügelte Siegesgöttinnen Palmenzweige und Lorbeerkronen herbeitragen. Zwischen den Fenstern *San Lorenzo Giustiniani erteilt in San Pietro di Castello den Segen* von Marco Vecellio.

Die Dekoration des Saals wurde 1775 abgeschlossen, als auf den Seiten des Throns die beiden monochromen Arbeiten von Giandomenico Tie-

Sala del Collegio, Decke, Paolo Veronese, *Mars und Neptun*, 1575-1577

Sala del Senato

polo mit Vorbildern der Redekunst aus der Antike hinzugefügt wurden (*Die Rede von Demosthenes gegen Aischenes* und *Die Rede von Cicero gegen Catalina*).

*Sala del Consiglio dei Dieci*
Die Unzufriedenheit der im Rahmen der „serrata" des Großen Rates (1297) Ausgeschlossenen mündete dreizehn Jahre später in die Verschwörung von Baiamonte Tiepolo und Marco Querini, die von staatlicher Seite unbarmherzig niedergeschlagen wurde. Zur Bestrafung der Schuldigen und zur Vorbeugung gegen neue Attentate wurde ein zeitlich begrenzter Sonderausschuss ins Leben gerufen, der *Consiglio dei Dieci* (Zehnerrat), dessen Amtszeit immer wieder verlängert wurde, bis er 1455 zu einer ständigen Institution wurde. Die Sitzungen, an denen die zehn Mitglieder, der *Minor Consiglio* und mindestens ein *Avogodare del Comun* teilnahmen, der die Einhaltung der Gesetze gewährleistete (bis 1582 existierte auch eine mit fünfzehn Patriziern besetzte *zonta*), wurden unter höchster Geheimhaltung abgehalten. Dies war angesichts der heiklen Themen, für die die Versammlung zuständig war, und zwar die Ruhe und die Prosperität des Staates, die öffentliche Ordnung, die Bestrafung von politischen oder von Adligen be-

Sala del Senato, Jacopo Palma der Jüngere, *Allegorie der Liga von Cambrai*, 1590-1595

Sala del Senato, Uhr, spätes 16. Jh.

*auf den folgenden Seiten*
Sala del Senato, Detail der geschnitzten und vergoldeten Holzrahmen an der Decke

Sala del Consiglio dei Dieci, Decke, Paolo Veronese, *Orientalischer Alter und junge Frau*, 1553-1554

Sala del Consiglio dei Dieci, Decke, Paolo Veronese, *Venedig erhält Reichtum und Auszeichnungen von Juno*, 1553-1554

gangenen Verbrechen, die Moral und die Sittlichkeit der Bürger, unverzichtbar. Die Magistrate durften den Ritus der Inquisition verwenden, der auch die Folter mit einschloss und sich durch das geheime Verfahren und die Unanfechtbarkeit des Urteils auszeichnete.
Auch die Holzverkleidungen der Wände sind original, wenn auch einige Plätze der halbrunden Tribüne fehlen. Auf deren rechter Seite ist eine Tür versteckt, die zu den dahinter liegenden Büros und über die Treppen in die Gefängnisräume führt. Die Wände, die am oberen Rand durch ein Fries von Giambattista Zelotti mit Putten, allegorischen Figuren und dem Wappen des Dogen Francesco Donà (1545-1553) verziert werden, sind mit Gemälden aus dem späten Cinquecento oder den ersten Jahren des Seicento geschmückt. An der hinteren Wand: *Die Anbetung der drei Heiligen Könige* von Antonio Aliense, daneben *Der Frieden von Bologna zwischen Karl V. und Clemens VII. im Jahre 1530* von Marco Vecellio und *Die Begegnung zwischen Papst Alexander III. und dem Dogen Sebastiano Ziani nach der Schlacht von Salvore* von Francesco und Leandro Bassano.
Von großem Interesse ist die malerische Dekoration zwischen den geschnitzten Festons an der Decke, die von 1553 bis 1554 nach einem Bildprogramm des adligen Literaten Daniele Barbaro ausgeführt wurde. Mit der Ausmalung der Felder wurde Giambattista Ponchino aus Castelfranco beauftragt, der als Gehilfen den gerade fünfundzwanzigjährigen Paolo Veronese auswählte, der wiederum seinen Freund und Schüler Giambattista Zelotti mit einbezog. Die Rahmen umschließen eine Serie von Chiaroscuro-Bildern mit allegorischen und symbolischen Sujets (männliche Akte in den Ecken, vier imposante Frauenfiguren in der Mitte), die die großen

Sala del Consiglio dei Dieci

Felder mit abwechselnd ovalem und rechteckigem Format einsäumen, deren Motive Götter und Darstellungen zur Verherrlichung der Republik sind. Sichere Werke von Veronese sind der elliptische Einsatz *Orientalischer Alter und junge Frau* und das vertikale Gemälde *Venedig erhält Reichtum und Auszeichnungen von Juno*. Dazu kommt das mittlere Gemälde *Jupiter vertreibt die Laster*, jetzt als Kopie, da das Original 1797 nach Frankreich gebracht wurde (heute hängt es im Louvre). Die olympische Gottheit ist eine Metapher des *Consiglio dei Dieci*, der mit Hilfe der geflügelten Kinderfigur mit dem Buch der Gesetze die schlimmsten und grausamsten Verbrechen bekämpft. Dieser Saal liegt wie die darauf folgende *Sala della Bussola* in dem Teil des Palastes, der im zweiten Viertel des 16. Jh. von Scarpagnino erbaut wurde.

*Sala della Bussola*

Das Gemälde in der Mitte der Decke, *Der Hl. Markus krönt die theologischen Tugenden*, ist eine Kopie aus dem 19. Jahrhundert des Originals von Paolo Veronese (1554), das 1797 nach Frankreich gebracht wurde und heute im Louvre zu sehen ist. Der von zwei Telamonen gestützte Kamin wurde nach einem Entwurf von Jacopo Sansovino von den Schülern Danese Cattaneo und Pietro da Salò geschaffen und mit dem Wappen des Dogen Marcantonio Trevisan (1553-1554) versehen. Die Gemälde aus dem 17. Jh. stammen von Antonio Aliense (allegorische Bilder, Stadteroberungen) und Marco Vecellio, der das Votivbild *Die von dem Dogen Leonardo Donà angebetene Jungfrau* (1606-1612) malte. Über der großen Holztür in der Ecke, die zu zwei Geheimgängen führt, thront eine Statue der *Gerechtigkeit* mit Schwert und Waage. Der Raum diente für Zeugen, Verteidiger und Angeklagte als Vorzimmer zum obersten Gericht der Republik, dem *Consiglio dei Dieci*, und grenzte darüber hinaus auch an die Säle der *Tre Capi* und der *Inquisitori* (die zum Rundweg der Itinerari Segreti gehören). Die Räume der Magistraturen mit rechtsprechender Funktion waren durch Innentreppen miteinander verbunden, die von den Kerkern (*Pozzi*) im Erdgeschoss bis zu den Bleikammern (*Piombi*) im Dachgeschoss quer durch den Palast führten. In diesem Raum befindet sich neben der Tür zur *Scala dei Censori* das einzige Löwenmaul für anonyme Anzeigen des Palastes, das noch mit originalen Holztürchen und Schlössern ausgestattet ist, die nur mit von drei verschiedenen Beamten aufbewahrten Schlüsseln geöffnet werden konnten. Nach diesem Saal betritt man durch den rechts gelegenen Korridor die Waffenkammer (*Armeria*).

# Die Armeria

Bereits in dem von dem Dogen Sebastiano Ziani (1172-1178) errichteten Gebäude im byzantinischen Stil gab es ein Waffenlager, das nach dem Bau des neuen Flügels im 14. Jh. in der sogenannten *Sala dell'armamento* in der Nähe des *Maggior Consiglio* und später in den Räumen im Obergeschoss untergebracht wurde, die bis dahin als Zellen für Gefangene mit einem gewissen Prestige genutzt worden waren. Aus den Unterlagen geht hervor, dass dieser Bereich einst „Torresella" hieß und so an einen der Türme („Torre") des alten Kastells erinnerte, der genau an dieser Stelle stand.

Die unter die Kontrolle des Großen Rates gestellte *Armeria* wurde später dem *Consiglio dei Dieci* anvertraut, dessen Kürzel „cx" alternativ zum Markuslöwen auf den Schlössern der Eingangstür und auf vielen in diesen Räumen aufbewahrten Stücken wie Schilden und Köchern erscheint. Im Laufe der Jahrhunderte sammelten sich dort auch kostbare, vom Staat geschenkte Erinnerungsstücke, Standarten, Trophäen, Stoffe, Skulpturen und Gemälde an, so dass zur Aufbewahrungsfunktion der Räume auch eine Repräsentationsfunktion hinzukam. Die *Armeria* wurde für einen Besucher vom Rang Heinrichs III. ausnahmsweise geöffnet.

Während der Sitzungen der Versammlung, in denen alle Adligen der Serenissima zusammenkamen, wurden die Feuerwaffen geladen und die Blankwaffen bereit gelegt. Sie standen den Wachen zur Verfügung, die für die ordnungsgemäße Abwicklung sorgten. Gleichzeitig kontrollierte ein *Procuratore di San Marco* die *Piazza dalla Loggetta* vom Campanile aus gemeinsam mit einer Gruppe ausgewählter *Arsenalotti*, den treuen, im Arsenal beschäftigten Facharbeitern, die auch die Aufgabe hatten, den Palast in den Tagen zu bewachen, die auf den Tod eines Dogen folgten.

Trotz der Plünderung nach dem Sturz der Republik im Jahr 1797 umfasst die Sammlung immer noch über zweitausend Waffen unterschiedlichster Form und Verwendungsart.

Armeria, Saal I, Die *„del Gattamelata"* genannte Rüstung, Detail, erste Hälfte des 16. Jh.

Armeria, Saal II, *Die Rüstung Heinrichs IV. von Frankreich,* die der Republik 1604 geschenkt wurde

*Saal I*
Neben dem Eingang stehen inmitten von korsischen Speeren und Sicheln an langen Stäben fünf kostbare Kampf- oder Turnierrüstungen aus dem 16. Jahrhundert. Dazu zählt das Exemplar mit vergoldeter Ziselierdekoration und dem Bild eines Katzenkopfes und Wolfsprofilen, das laut der Legende, die jedoch durch typologische und chronologische Argumente widerlegt wird, Erasmo da Narni, genannt Gattamelata, gehörte, der ab 1437 Generalkapitän der venezianischen Milizen war. Daneben steht eine Pferderüstung von Franceso Duodo, dem Kriegshelden von Lepanto und Candia, sowie eine kleinere Rüstung, die entweder für einen Zwerg oder für die Ausbildung eines Kindes diente und angeblich 1515 auf dem Schlachtfeld von Marignano gefunden wurde. In der Vitrine in der Nähe des darauf folgenden Saals sind zwei bedeutende Mailänder Turnierrüstungen zu sehen, die auf das Jahr 1490 datiert werden, und ein leichteres Panzerhemd, das bei Fußschlachten eingesetzt wurde. Dazu kommen Sturmhauben, Stahlhelme aus dem 16. Jh. mit Spitze, verschiedene Waffenmodelle, Schwerter aus unterschiedlichen Epochen und Pfeilköcher aus bemaltem oder bedrucktem Leder. Zur Kriegsbeute gehören dagegen die Fahne und die beiden *Fanò* (Schiffslaternen), über denen ein türkischer Halbmond prangt.

*Saal II*
An der Decke hängt eine rechteckige osmanische Standarte, die 1571 in Lepanto erbeutet wurde. An der Einfassung ist sie mit Koranversen und in der Mitte mit einer Inschrift bestickt, die Allah und seinen Propheten Mohammed lobpreist. Die ausgestellten Waffen illustrieren die Formenvielfalt und die Erlesenheit der Dekoration des Kriegsgeräts und der Rüstungen zum Schutz der Krieger in den letzten Jahrhunderten: ein- und zweihändige Schwerter für kräftige Hiebe in der Schlacht, tückische Hellebarden, Schilde (Rundtartschen, Paraderundschilde) und unzählige Helme (Sturmhauben, Pickelhauben und eine Paradehaube, die ungefähr aus dem Jahr 1480 stammt) sowie ein metallischer Pferdekopfharnisch. An der hinteren Wand steht in der Mitte einer Marmorädikula die Rüstung, die Heinrich IV. von Frankreich 1604 der Republik schenkte. Die durch den zum Testen der Beständigkeit der Rüstung abgefeuerten Probeschuss verursachte Kerbe ist gut zu sehen. In dem dahinter liegenden Saal werden Schwerter, Schilde und Pickelhauben aufbewahrt. Die von den Gefangenen hinterlassenen Inschriften im Putz bestätigen, dass dieser Raum (die sogenannte „Torresella“) früher als Gefängniszelle genutzt wurde.

*Saal III*
Die Vitrinen an den Wänden zeigen in einem suggestiven Arrangement eine große Vielfalt von Waffen, Hellebarden, Piken, Spießen, Sicheln, Armbrüsten, Köchern und Schilden (einige davon tragen die Initialen des *Consiglio dei Dieci* oder des Markuslöwen), Pickelhauben, Schwertern und

HENRICI IV FRANCIÆ, ET NAVARÆ REGIS ARMA
IN TOT, TANTISQ. ET PERICVLIS, ET VICTORIIS HOSTILI
SANGVINE MADEFACTA IMMORTALIS EIVS GLORIÆ TROPHÆVM
AC VERI, ET SINCERI AMORIS ERGA REMPVB.
MONVMENTVM

Knüppeln. Im freien Raum stehen eine Arkebuse aus dem 17. Jh. mit zwanzig Läufen, die an ein modernes Maschinengewehr erinnert, eine Zündschnur aus ajouriertem und getriebenem Kupfer (1521) und eine Feldschlange (kleine Kannone) aus dem 16. Jh. In einer Nische beherrscht auf einem Sockel aus Kriegstrophäen eine Bronzebüste des späteren Dogen Francesco Morosini den Raum, die der Senat 1687 dem Genuaner Bildhauer Filippo Parodi in Auftrag gab, um die Verdienste des aufgrund seiner Eroberungen und Siege gegen die Türken in dieser griechischen Provinz auch als „Peloponnesiacus" bezeichneten Militärführers zu verherrlichen. Mit stolzem Blick hält dieser den Kommandostab in der Hand. Bekleidet ist er mit den typischen Insignien eines Generalkapitäns *da Mar*: einer Rüstung, einem auf der rechten Schulter von fünf *Peroli* (Knöpfen) geschlossenem Umhang und der Kopfbedeckung „*a tozzo*". 1694 wurde ihm ein weiteres Monument gewidmet, der Triumphbogen in der *Sala dello Scrutinio*.

*Saal IV*

Dieser Raum liegt in der südlichen Ecke des Palasts und gibt den Blick auf den *Bacino* frei. Hier werden zahlreiche verschiedene Waffen ausgestellt, in erster Linie Pistolen, Arkebusen mit Zündschnur, Gewehr oder

Armeria, Saal III oder Morosini

Pfanne (einige wurden dem Dogen Marino Grimani 1602 von einem persischen Botschafter geschenkt), Zündpulverflaschen, Schwerter, Knüppel, Armbrüste und zwei päpstliche Stoßdegen aus dem 15. Jh. Weiterhin sind einige Waffen zu sehen, die aufgrund ihrer geringen Abmessungen als besonders heimtückisch galten und daher verboten waren. Sie gehörten der 1405 von den Venezianern besiegten Familie Carrara, die vorher über Padua herrschte. Weitere Kuriositäten sind Keuschheitsgürtel, Folterinstrumente und tödliche Gerätschaften wie zum Beispiel ein Eisenschlüssel mit einer versteckten Spitze, ein kleiner vergifteter Pfeil oder die „Teufelskiste" mit vier Pistolenläufen, die bei der Öffnung explodierten. Zwei Bronzebüsten von Tiziano Aspetti aus dem späten 16. Jh. schmücken den Raum. Sie zeigen Agostino Barbarigo, der in der Schlacht um Lepanto fiel, und Marcantonio Bragadin, der Famagosta heldenhaft verteidigte und dem die Türken 1571 die Haut abzogen (die nach Konstantinopel gebrachte Haut wurde vier Jahre später von einem jungen Matrosen gestohlen und wird heute in der Kirche *Santi Giovanni e Paolo* aufbewahrt).
Nach Verlassen der *Armeria* durch die bereits beschriebenen Räume erreicht man einen kleinen Treppenlauf, über dem ein Gemälde mit dem Markuslöwen und eine Marmorbüste des venezianischen Admirals in Lepanto Sebastiano Venier thronen, die 1608 von Alessandro Vittoria gemeißelt und dann der Republik hinterlassen wurde. Die Holzflügel der Tür stammen aus dem Jahr 1556 und bestehen aus kostbarem Zedernholz, das eigens aus dem Libanon eingeführt wurde.

# Maggior Consiglio und Scrutinio

Die in ihrer Art einzigartige republikanische Ordnung Venedigs sah vor, dass der gesamte Adel an der Ausübung der Macht Teil hatte, die durch ein komplexes System von Abstimmungen und Quarantänen unter allen Mitgliedern verteilt wurde.

Die Familien des Lagunenpatriziats teilten sich in vier Klassen auf: die so genannten „alten Häuser", die bereits in frühester Zeit regierten, die „neuen Häuser", die nach dem Jahr 800 entstanden waren, die „ganz neuen Häuser", die zur Zeit des Chioggia-Kriegs (1380) in den Kreis der Optimaten aufgenommen worden waren und zum Schluss die Familien, die den Adelstitel während der Kriege von Candia (Kreta) und Morea von Mitte des 17. Jh. bis Anfang des folgenden Jahrhunderts gegen Geld gekauft hatten. Kurz vor Ende der Geschiche der Serenissima wurde eine weitere Unterscheidung gebräuchlich, die auf dem ökonomischen Status und den von den Angehörigen der Adelsgeschlechter bekleideten Ämtern beruhte, die aus diesem Grund *Senatorie, Giudiziarie* und *Barnabotte* genannt wurden (in der Pfarrgemeinde San Barnaba befanden sich Wohnungen, die der Staat günstig vermietete).

Der Große Rat, der auf die Regierungsorgane der frühen Kommune zurückging, wurde nach der „serrata" aus dem Jahr 1297 zu einer Versammlung, in der die Mitgliedschaft erblich war. Ihr gehörten alle ehelich geborenen Patrizier ab dem Alter von fünfundzwanzig Jahren an (oder zwanzig, wenn sie am Tag der Hl. Barbara ausgelost wurden), die keine kirchliche Laufbahn eingeschlagen hatten. Zu den Rechten, die der Große Recht sich immer vorbehielt, gehörten die Erteilung der Gnade und das Recht, die Beamten für die zahlreichen Magistraturen der Republik auszuwählen. Die Wahlen, die in der Sala dello Scrutinio erfolgten, waren sehr umständlich. Der höchste Grad der Komplexität wurde in dem Verfahren zur Auswahl des Dogen erreicht. Für jeden Adligen des Großen Rats wurde eine Loskugel in der Urne deponiert. In dreißig davon befand sich eine Schriftrolle mit dem Wort lector. Die Ausgelosten wurden durch Los auf 9 Personen reduziert. Diese 9 wählten 40 Personen, die dann

Sala del Maggior Consiglio, Decke, Jacopo Tintoretto und Werkstatt, *Die freiwillige Unterwerfung der Provinzen*, Detail, 1584

durch Los wiederum auf 12 reduziert wurden. Diese 12 wählten 25 Patrizier, die dann durch Los wieder auf 9 reduziert wurden. Diese 9 wählten 45, die dann erneut auf 11 Personen reduziert wurden. Diese 11 Patrizier ernannten dann die 41 Wahlmänner des Dogen.
Es handelte sich um ein klares System aristokratischer Demokratie, das aus Angst vor Missbrauch oder Amtsuntreue zu starke persönliche Interessen im Zaum hielt und jahrhundertelang die venezianische *libertas* erfolgreich gegen Könige, Kaiser und Päpste verteidigte.

*Liagò*
Nach Ende des Besuchs des zweiten Stockwerks gelangt man in das *Liagò* (ein venezianischer Ausdruck für eine Veranda oder einen beleuchteten Durchgang), der bei Sitzungen des großen Rats als Vorzimmer diente. Die Decke mit den vergoldeten Balken stammt aus dem späten 16. Jh., während die Dekoration durch Gemälde aus dem frühen 17. Jh. an den Wänden etwas später erfolgte. Sie umfasst Werke von Domenico Tintoretto (*Das Seevolk gibt der Hl. Justina ein Galeerenmodell*, *Die Verwandlung* und *Der Doge Giovanni Bembo vor Venedig mit allegorischen Figuren*, links) und Jacopo Palma dem Jüngeren (*Der Doge Marcantonio Memmo vor der Jungfrau mit symbolischen Figuren von untergebenen Städten* zwischen *Religion* und *Eintracht* auf der anderen Seite). Im nahe gelegenen Vestibül sind der Karton

Liagò

Liagò, Antonio Rizzo, *Adam* und *Eva*, 1462-1471

von Sebastiano Ricci *Ankunft des Leichnams des Hl. Markus in Venedig*, eine Vorarbeit für das Mosaik des zweiten Außenportals der Domfassade, und drei Skulpturen von Rizzo zu sehen, *Adam*, *Eva* und der *Schildträger*, die zwischen 1462 und 1471 zur Dekoration des *Arco Foscari*, wo heute jedoch Repliken stehen, geschaffen wurden. In der zum *Bacino* gerichteten Wand sind die an anderen Stellen durch den Brand von 1577 zerstörten und nie restaurierten mehrbogigen Fenster und Marmorvierpässe noch erhalten.

*Quarantia Civil Vecchia*

Der seit ältesten Zeiten eingesetzte *Consiglio dei Quaranta* (er war vermutlich schon zu Ende des 12. Jh. aktiv) war für die Rechtsprechung zuständig. Sein Zuständigkeitsbereich war so weit gefasst, dass zu Beginn des 15. Jahrhunderts drei verschiedene Gremien gebildet werden mussten: die *Quarantia Criminal* für strafrechtliche Tatbestände, die *Quarantia Civil Vecchia* und die *Quarantia Civil Nuova* für Verfahren und Berufungen, wobei eine für Venedig und die andere für das Festland zuständig war.

Der Raum, der im 17. Jh. so gestaltet wurde, wie er dem Besucher heute erscheint, wird von einem großen gotischen Fenster auf der Kanalseite dominiert. Hinter den Holzverkleidungen rechts vom Eingang ist ein kleiner Freskorest der früheren Dekoration erhalten, in dem das Profil des Markusdoms hervortritt. Die nach und nach vom zweiten bis achten Jahrzehnt des 17. Jh. an den Wänden hinzugefügten Gemäldereihen befassen sich mit religiösen Themen und mit der Verherrlichung der Serenissima. Die Maria gewidmete Votivädikula steht im Zentrum des Werks von Pietro Malombra *Venedig nimmt die Bitten der Bürger* entgehen. Darauf folgen *Venedig erhält das Herrschaftszepter* von Giovanni Battista Lorenzetti über dem Eingang, *Moses lässt das Goldene Kalb zerstören*, *Vernichtung des götzenanbetenden jüdischen Volkes* und auf dem Bogen die *Verkündigung* von Andrea Celesti.

*Sala dell'Armamento (oder des Guariento)*

Der kleine Raum, sich ursprünglich über zwei Stockwerke erstreckte und durch Treppen mit den darüber liegenden Räumen verbunden war, sollte

Sala dell'Armamento, Jacopo Tintoretto (zugeschrieben), *Entwurf für das* Paradies, nach 1582 (Leihgabe des IRE Venedig)

Sala dell'Armamento, Guariento, *Marienkrönung*, Detail, 1365-1368

*auf den folgenden Seiten*
Sala del Maggior Consiglio, Jacopo und Domenico Tintoretto, *Paradies*, Detail, 1588-1594

Sala del Maggior Consiglio

Sala del Maggior Consiglio, Decke, Paolo Veronese, *Apotheose der Venezia*, 1582

auch als Munitionslager und als Aufenthaltsraum für die bewaffneten Wächter dienen, die einsatzbereit über die Sitzungen des Großen Rates wachten. Heute befinden sich dort die Reste des großen Freskos aus dem 14. Jh. von Guariento, das durch den Brand 1577 zerstört wurde; es wurde unter dem Gemälde *Paradies* von Tintoretto gefunden und 1903 abgenommen. Das Kunstwerk, das aus der Amtszeit des Dogen Marco Corner stammt (1365-1368), zeigt die *Marienkrönung*. Maria sitzt neben dem Erlöser auf dem Thron, umgeben von Engelsscharen, Evangelisten, Seligen, Patriarchen und betenden Propheten. Das Fresko, das an den äußeren Enden die Verkündigung zeigt (rechts Maria, auf der gegenüberliegenden Seite der Erzengel), war mit Gold- und Silberornamenten geschmückt. Die Inschriften sind leider fast vollständig untergangen.

### *Sala del Maggior Consiglio*

Die *Sala del Maggior Consiglio* erstreckt sich fast über die gesamte Länge des Palastflügels mit Blick auf den *Bacino*. Dieser große Raum (über fünfzig Meter Länge mal fast fünfundzwanzig Meter Breite) war der Sitzungssaal der Plenumsversammlung der Republik. Der Doge saß in der Mitte des *Tribunale* (einer hölzernen Bank) zwischen seinen Beratern, umgeben von den drei Oberhäuptern des *Consiglio dei Dieci* und der *Quarantia Criminal*, den *Avogadori di Comun* und den Zensoren, während die Patrizier auf den Stühlen an der Seite oder an in neun Reihen aufgestellten

Doppelbänken Platz nahmen. Seit der Große Rat sich nach der „serrata" von 1297 in eine Versammlung verwandelt hatte, in der die Mitgliedschaft erblich war, übergab er in wachsendem Maße Aufgaben an umgestaltete oder neue Magistraturen, um eine bessere Verwaltung der öffentlichen Angelegenheiten zu gewährleisten. Die Versammlung behielt sich jedoch immer das Recht vor, die Mitglieder der zahlreichen Stellen zu ernennen, deren Bestellung nicht in den Zuständigkeitsbereich des Senats fiel (die sogenannte „Verteilungsgerechtigkeit") und besaß zumindest theoretisch bis 1797 die oberste legislative Macht.

Dekorationen waren bereits in dem Gebäude aus dem 12. Jh. bekannt. Das heutige Gebäude, das ab 1340 in kurzer Zeit entstanden war, wurde in drei verschiedenen Perioden verschönert. Aus der ersten Phase, die zu Beginn des frühen 15. Jh. endete, sind nur noch die Reste des Freskos *Paradies* (in Anbetracht der Bedeutung der Szene für das Gesamtwerk auch *Marienkrönung* genannt) von Guariento erhalten, die heute in der *Sala dell'Armamento* zu sehen sind. Die historischen Darstellungen von Gentile da Fabriano, Pisanello, Antonio Veneziano, vielleicht auch von Michelino da Besozzo, wurden im Laufe weniger Jahrzehnte durch die Feuchtigkeit zerstört. Zwischen 1474 und 1564 mussten daher die Malereien erneuert werden. An dieser Maßnahme waren Alvise Vivarini, Gentile und Giovanni Bellini, Carpaccio, Tiziano (von ihm stammt die berühmte *Schlacht von Spoleto*), Pordenone, Tintoretto und Veronese beteiligt, aber ihr Werk wurde durch die Flammen des verheerenden Brands im Jahre 1577 vernichtet.

Sala del Maggior Consiglio, Decke, Jacopo Palma der Jüngere, *Die von der Siegesgöttin gekrönte Venezia empfängt die untergebenen Provinzon*, 1582-1584

Sala del Maggior Consiglio, Domenico Tintoretto, *Porträt des Dogen Andrea Dandolo* und *damnatio memoriae des Dogen Marino Falier*, 1580-1590

Obwohl einige, darunter Palladio, vorgeschlagen hatten, die noch rauchenden Trümmer des Palastes zu räumen, um ein modernes Bauwerk zu errichten, fiel die Entscheidung am Ende zugunsten der Erhaltung und der Restaurierung der Gebäude aus dem 14. Jh. auf der Grundlage eines Entwufs von Giovanni Antonio Rusconi aus. Drei Jahre später konnte der Große Rat seine Sitzungen wieder in dem – allerdings kahlem – Versammlungssaal abhalten, da die Dekoration angesichts des Umfangs der Arbeiten erst zu Beginn des 17. Jh. fertiggestellt werden konnte. Der goldene, sternenbesetzte Himmel aus der Amtszeit von Michele Steno (1400-1413) wurde nicht erneuert. Die Wahl fiel auf eine modernere, geschnitzte

FRANCISCO
MAVROCENO
PELOPONNESIACO
SENATVS

Decke nach einem Entwurf von Cristoforo Sorte, durch die sich der Raum erhöhte, auf dem der „Mythos“ Venedigs, der nie eingenommenen und von Gott bevorzugten Stadt, verherrlicht werden konnte. Jacopo Contarini und Jacopo Marcello, zwei in Malerei und Geschichte bewanderte Patrizier, erstellten mit Hilfe des Kamaldulenser Mönches Girolamo Bardi, der 1587 den beschreibenden Text publizierte, das neue Bildprogramm für die Malerei des Saals.

Die in der Decke eingefassten Gemälde wurden bis 1584 vollendet; es handelt sich um Chiaroscuro-Arbeiten, die historische Ereignisse und Waffenköcher darstellen. Daneben hängen anspruchsvollere, von berühmten Künstlern geschaffene Gemälde: über dem *Tribunale* die prunkvolle, szenografische *Apotheose der Venezia* von Paolo Veronese, darauf folgen *Venezia, die dem Dogen Nicolò da Ponte einen Ölzweig überreicht* von Jacopo Tintoretto und seiner Werkstatt und dahinter *Die von der Siegesgöttin gekrönte Venezia empfängt die untergebenen Provinzen* von Jacopo Palma dem Jüngeren. Die zwölf seitlichen Felder beschreiben Szenen kriegerischen Heldentums, grausame Auseinandersetzungen, aus denen die Condottieri und die Heere im Dienste der Serenissima siegreich hervorgingen. *Die Eroberung Smyrnas* (1471) und *Die Belagerung von Scutari* (1474) von Veronese, *Die Schlacht von Casalmaggiore* (1446) und *Die Schlacht von Polesella* (1482-1484) von Francesco Bassano, *Die Schlacht von Riva* (1440), *Die Schlacht von Argenta* (1482), *Die Verteidigung von Brescia* (1438) und *Die Schlacht von Gallipoli* (1494) aus der Werkstatt von Tintoretto (Antonio Aliense?), *Die Schlacht von Maclodio* (1426) und *Die Schlacht von Cadore* (1508) von Bassano, *Der Sieg von Cremona* (1427) und *Andrea Gritti erobert Padua* (1510) von Palma.

Sala dello Scrutinio

Sala dello Scrutinio, Jacopo Palma der Jüngere, *Das Jüngste Gericht*, 1594-1595

Der obere Teil der Wände ist auf drei Seiten mit dem Fries umgeben, in dem Domenico Tintoretto die von 804 bis 1556 regierenden Dogen von Obelerio Antenoreo bis Francesco Venier durch Porträts verewigt hat. Es handelt sich um Kopien existierender Bilder oder, bei Persönlichkeiten aus der weiter zurückliegenden Vergangenheit, um erfundene Antlitze. Nur das Porträt von Marino Falier fehlt, dem Dogen, der 1355 wegen Hochverrats zu Tode verurteilt wurde und zur ewigen Mahnung der *damnatio memoriae* unterliegt. Auf dem schwarzen Tuch steht „HIC EST LOCUS MARINI FALETRO DECAPITATI PRO CRIMINIBUS" (dies ist der Ort von Marino Falier, der aufgrund der begangenen Verbrechen enthauptet wurde). Die Gemälde an den Wänden des Saals konzentrieren sich auf zwei Hauptthemen und bieten einen Überblick über die venezianische Malerei des späten 16. Jahrhunderts. Dazu gehören Werke von Carlo und Gabriele Caliari, Domenico Tintoretto, Francesco und Leandro Bassano, Paolo Fiammingo, Andrea Vicentino, Palma dem Jüngere, Federico Zuccari, Girolamo Gambarato, Giulio dal Moro, Jean Le Clerc, Antonio Aliense und Paolo Veronese. In Richtung Innenhof werden zwölf Episoden aus der Geschichte von Alexander III. und Friedrich Barbarossa dargestellt, um bestimmte Attribute der Dogenwürde zu rechtfertigen. Es handelt sich

um eine geschickte Manipulation der Geschichte zu Propagandazwecken, die bereits im Bildprogramm der früheren Dekorationszyklen enthalten war. Interessant sind die Venedig-Panoramen, zum Beispiel der Blick auf den Dogenpalast, den Francesco Bassano in seinem Gemälde *Papst Alexander III. übergibt dem Dogen Sebastiano Ziani das Schwert* offenbart. Zwischen den Fenstern auf der Südseite sind Ereignisse des Vierten Kreuzzugs (1202-1204) zu sehen; feierliche Momente wechseln mit bewegten Angriffsszenen wie der *Eroberung von Zadar* von Andrea Vicentino und der *Eroberung von Konstantinopel* von Domenico Tintoretto ab. Im Hintergrund bildet das Gemälde *Der Sieg der Genuaner in Chioggia* (1380) von Carlo und Gabriele Caliari die einzige Erinnerung an diesen Krieg des 14. Jahrhunderts.

Die Wand des *Tribunale* wird komplett von dem enormen *Paradies* ausgefüllt. Bereits vor dem Brand bestand die Absicht, das alte Fresko von Guariento durch ein neues Kunstwerk mit gleichem Sujet zu ersetzen. Dennoch wurde erst während der Restaurierung des Saals eine Art Wettbewerb ausgerufen, um den Maler auszuwählen. 1588 fiel die Wahl auf Jacopo Tintoretto (in mehreren europäischen und amerikanischen Museen werden zahlreiche Entwürfe anderer Teilnehmer aufbewahrt). Der alte

Sala dello Scrutinio, Andrea Vicentino, *Schlacht von Lepanto*, 1595-1605

Meister entwarf die Komposition und übertrug die Skizzen auf die Gemäldeteile, die in den weitläufigen Räumen der *Scuola Grande della Misericordia* erstellt und dann in der *Sala del Maggior Consiglio* unter Aufsicht seines Sohns Domenico zusammengesetzt und nachgearbeitet wurden. In den hellblauen Kreisen reihen sich Heilige, Selige und Engel aneinander, dem höchsten Punkt des Himmels zugewandt, an dem das göttliche Licht Maria und Christus erstrahlen lässt. Venezia – der Bezug ist klar – fühlt sich mit einer himmlischen Mission betraut und präsentiert sich durch die Kraft der Bilder wie das Paradies auf Erden.

*Sala dello Scrutinio*

Der mit allegorischen Gemälden aus dem 17. Jh. von Antonio del Foler, Filippo Zaniberti und Giovanni Battista Lorenzetti geschmückte Verbindungs- oder Nebenraum, in dem die *Quarantia Civil Nuova* zusammenkam, führt in die *Sala dello Scrutinio*, die in dem im 15. Jh. erbauten Flügel des Dogenpalastes liegt.

Bevor dieser Saal zur Durchführung des Wahlverfahrens auserkoren wurde (1532), befanden sich hier die wertvollen Handschriftensammlungen, die Francesco Petrarca und der Kardinal Bessarion der Serenissima geschenkt hatten und die später in der *Libreria Marciana* auf der anderen Seite der Piazzetta untergebracht wurden. Der Brand von 1577 zerstörte die damals in dem Saal aufbewahrten Kunstwerke, insbesondere die von Sebastiano Serlio entworfene Kassettendecke, deren Felder von Pordenone ausgemalt wurden, und einige Gemälde von Jacopo Tintoretto, darunter eine jüngere Darstellung der Schlacht von Lepanto, die nur sechs Jahre zuvor erstellt worden war. Die Restaurierungsarbeiten wurden zwar zeitnah beschlossen, setzten sich jedoch bis zu Ende des Jahrhunderts fort.

Der Entwurf für die Decke stammte von Cristoforo Sorte, der bereits am Senat und an der *Sala del Maggior Consiglio* arbeitete. Im Vergleich zu frü-

Sala dello Scrutinio, Jacopo Tintoretto und Werkstatt, *Schlacht von Zara*, 1584-1587

Sala dello Scrutinio, Jacopo Tintoretto und Werkstatt, *Schlacht von Zara*, Detail, 1584-1587

heren Modellen weist er keine Neuheiten auf, sondern die übliche Fülle von Festons, Voluten, Hermen und „Akten“ vor hellblauem Hintergrund mit Pflanzenmotiven. Das Bildprogramm, das auch auf die Wände abgestimmt war, wurde erneut dem Mönch Girolamo Bardi anvertraut, aber der anfängliche Plan änderte sich im Laufe der Zeit und zahlreiche Werke wurden später hinzugefügt. Zwischen *Tugenden* und allegorischen Figuren

Sala dello Scrutinio, Pietro Liberi, *Der Sieg über die Türken bei den Dardanellen*, 1659-1664

Sala dello Scrutinio, Decke, Francesco Bassano, *Die Eroberung Paduas von Francesco da Carrara*, 1583-1584

zeigen die zentralen Gemälde einige ruhmreiche Heldentaten der Venezianer aus alten Zeiten. Auf der dem Dom zugewandten Seite sind *Der Sieg der Pisaner auf Rhodi* (1098) von Andrea Vicentino, *Die Eroberung von Acri* (1256) von Francesco Montemezzano, *Der Sieg über die Genuaner in Trapani* (1265) von Camillo Ballini, *Die Eroberung von Caffa* (1296) von Giulio dal Moro und *Die Eroberung Paduas von Francesco da Carrara* (1405) zu sehen, ein beeindruckendes Werk von Francesco Bassano in nächtlicher Atmosphäre; in den kleineren Ovalbildern finden sich dagegen von Giulio dal Moro, Antonio Aliense und Nicolò Bambini illustrierte Heldentaten von vier Dogen.

Unterhalb des Frieses, das auch die von Domenico Tintoretto und zeitgenössischen Malern angefertigte Dogenporträts von Lorenzo Priuli (1556-1559) bis Ludovico Manin (1789-1797) einrahmt, sind Allegorien und zahlreiche Gemäldereihen zu sehen, die die Kriegsereignisse aus der Zeit vom 10. bis 17. Jh. thematisieren, beginnend bei den sagenumwobenen Auseinandersetzungen mit dem fränkischen König Pippin dem Jüngeren. Aufmerksamkeit verdienen die Gemälde von Aliense, Sante Peranda, Marco Vecellio und Pietro Bellotti sowie die drei großen Bilder an der Wand zum Innenhof. Dabei handelt es sich um die energische *Schlacht von Zadar* (1346) von Jacopo Tintoretto und Werkstatt, die bewegte *Schlacht von Lepanto* (1571) von Andrea Vicentino und *Den Sieg über die Türken bei den Dardanellen* (1656) von Pietro Liberi mit der charakteristischen Zyklopenfigur des kämpfenden Sklaven im Vordergrund.

Dem *Paradies* in der *Sala del Maggior Consiglio* entspricht in der *Sala dello Scrutinio* das *Jüngste Gericht* von Jacopo Palma dem Jüngeren (1594-1595), das dank der meisterhaften Komposition und der Intensität der Farben zu den besten Werken dieses Künstlers gehört. Die Gedenktafel im Zentrum wartet mit lateinischen Inschriften und dem Wappen des Dogen Francesco Foscari (1423-1457) auf. Das Portal auf der gegenüberliegenden Seite, das über die *Scala Foscari* den Zugang zu den Loggien ermöglicht, wurde kurz nach 1694 von dem Architekten Antonio Gaspari zu Ehren von Francesco Morosini, der während eines ruhmreichen, in den sechs Gemälden von Gregorio Lazzarini verewigten Militärfeldzugs den Peloponnes erobert hatte, zu einem Triumphbogen im klassisch römischen Stil umgebaut.

In die *Sala del Maggior Consiglio* zurückgekehrt kann man den Besuch des Palastes in Richtung *Prigioni* fortsetzen und die letzten Amtsräume besuchen.

# Auf dem Weg zu den Prigioni

Ein enger Durchgang, der sich in der Ecke zum Hof in der Wand der *Sala del Maggior Consiglio* neben dem *Paradies* öffnet, führt in den Korridor, der am Eingang zur Dogenwohnung endet. Der Rundweg führt den Besucher durch die Seitenräume über die Seufzerbrücke in das imposante Gefängnisgebäude auf der anderen Seite des Kanals. Auch im Dogenpalast gab es vor langer Zeit Gefängniszellen, die insbesondere in engen und abschreckenden Räumen im Erdgeschoss untergebracht waren, die die Strafe des Schuldigen gravierend verschärften. Nach dem Bau der *Prigioni* blieben nur noch zwei Bereiche für Gefangene übrig: die in der Nähe des Kanals gelegenen *Pozzi* (Kerker), die feucht, dunkel und so niedrig waren, dass der Gefangene nicht aufrecht stehen konnte, und die *Piombi* (Bleikammern) im Dachgeschoss, die nach den Metallplatten benannt waren, mit denen sie bedeckt waren. In diesen Zellen für Sonderhäftlinge erreichte die Temperatur im Sommer und im Winter unerträgliche, extreme Werte.

*Sala della Quarantia Criminal und Sala dei Cuoi*

Die *Quarantia Criminal* war älteren Ursprungs als die *Quarantia Civil.* Als rechtsprechendes Organ war sie für strafrechtliche Berufungsverfahren zuständig. Geleitet wurde sie von drei Vorsitzenden, die gemeinsam mit dem Dogen und seinen Beratern die *Serenissima Signoria* bildeten. Einrichtungs- und Dekorationsgegenstände waren nach dem Sturz der Republik mit Ausnahme des Holzgestühls aus dem 17. Jh. komplett entfernt worden.

Der angrenzende Raum diente als Archiv. Daher ist es wahrscheinlich, dass an den Wänden Regale und Schänke für Unterlagen standen. Daher gehören die heutigen Möbel und die Verkleidung mit *cuoridoro*, den für die venezianische Tradition charakteristischen Dekorationspaneelen aus vergoldetem Leder, nicht zur ursprünglichen Einrichtung. In der Mitte musste sich ein Tisch oder ein Schreibtisch befinden, da sich dort der Sitz der *Magistratura dei tre presidenti sopra Uffici* befand, die von der *Quarantia Criminal* gewählt wurde und die Aufgabe hatte, die Aufsicht über die gesamte Zivilverwaltung der Republik zu führen.

Sala del Magistrato alle Leggi, Quentin Metsys, *Der Verspottete Christus*, frühes 16. Jh.

*Sala del Magistrato alle Leggi*
Diese Magistratur wurde 1553 gegründet und hatte drei Mitglieder, die als Hüter und Vollstrecker der Gesetze und Anweisungen der Ämter von San Marco und Rialto über die Einhaltung der Gesetze bezüglich der *Avvocatura* wachen mussten. Sie konnten Rechtsgelehrten und Notaren die Erlaubnis zur Berufsaußübung erteilen und wurden später auch zu Schlichtern in Verfahren zwischen engen Verwandten und zur Garantie der Einhaltung der testamentarischen Bestimmungen. In diesem Saal trat auch der *Collegio dei venti Savi del corpo dei Quaranta* zusammen, dessen Rolle angesichts der Zuständigkeit für Streitsachen mit geringem Geldwert für eine Handelsstadt von großer Bedeutung war.
Der Kamin zwischen den Fenstern ist mit dem Wappen der Familie Venier geschmückt, die im 16. Jh. mit Francesco (1554-1556) und Sebastiano (1577-1578) zwei Mal den Dogen stellte. Die Wände sind mit bedeutenden flämischen Kunstwerken dekoriert: die *Hölle* des Monogrammisten J S, der *Verspottete Christus* von Quentin Metsys und zwei Triptychons von Hieronymus Bosch, die lange Zeit in der *Sala der Tre Capi del Consiglio dei Dieci* aufbewahrt worden waren. Der Kardinal und gebildete Sammler Domenico Grimani hinterließ sie der Republik 1523 gemeinsam mit anderen Schätzen. Das *Triptychon der Hl. Julia* aus früher Zeit und das spätere *Triptychon der Eremiten*, das auf den Beginn des 16. Jh. zurückgeht, zeigen das Miniaturgeschick und die blühende Fantasie des niederländischen Künstlers, der für seine Szenen voller Ungeheuer, teuflischer und erschreckender Kreaturen bekannt

Sala del Magistrato alle Leggi, Monogrammist J.S., *Hölle*, erste Hälfte des 16. Jh.

Die Seufzerbrücke

ist, die an das Böse der Welt erinnern, dem die rettende Kraft des Glaubens an Gott gegenübersteht.

*Die Seufzerbrücke*

Aus dem Nebenzimmer steigt man die steilen Stufen einer Treppe hinab und findet sich in einem engen Durchgang wieder, der über die berühmte Seufzerbrücke führt. Dieser Name war bereits im späten 18. Jh. gebräuchlich. Die Verbindung zwischen dem Palast und den *Prigioni nuove* (Neuen Gefängnissen) ist seitlich geschlossen und wird durch einen gemischtlinigen Giebel bekrönt. Die weißen Fassaden aus istrischem Stein beindrucken mit dem ausdrucksvollen Nuancenspiel. Das gleiche Material wurde auch für die Fenster verwendet, durch die die Verurteilten mit einem Abschiedsseufzer den Blick oft zum letzten Mal über die glitzernden Wellen der Lagune schweifen ließen. Die Ecksteine des Bogens werden durch Maskarone kaschiert, während die Geometrie der Rahmen weiter oben das Flachrelief mit dem Bild der *Gerechtigkeit* und dem Wappen des Dogen Marino Grimani (1595-1605) hervorhebt. Die Bauarbeiten wurden 1602 unter Aufsicht des Manopola beendet, der als Bauleiter die Nachfolge der *proti* Antonio da Ponte und Antonio Contin angetreten hatte.

Der doppelte Gang in der Seufzerbrücke, von dem ersten Raum nach der Brücke in den Prigioni Nuove aus gesehen

*Die Prigioni nuove*

1580 begann der Bau des Gebäudeteils auf der anderen Kanalseite, der von Anfang an gänzlich als Gefängnis konzipiert war. Dort sollte ein

Einer der Korridore in den Prigioni Nuove

Großteil der damals unter miserablen Bedingungen in den Zellen des Dogenpalasts hausenden Gefangenen untergebracht werden. Das neue Bauwerk wurde nach funktionalen Kriterien mit zahlreichen Öffnungen und großen Räumen gestaltet, in denen die Verurteilten die Haft besser ertragen konnten. Auf der dem Wasser zugewandten Seite bestehen die Fassade und die anderen Stirnseiten aus robusten Blöcken aus istrischem Stein. Auf der Uferseite besitzt das Bauwerk eine Bossenwerkfassade mit einem siebenbogigen Laubengang. Darüber liegen Fenster und große Säulen. In dem Raum oberhalb des Bogengangs trat das *Collegio dei signori di notte al Criminal* zusammen. Dabei handelte es sich um sechs Magistrate (wie die sechs Stadtviertel Venedigs), die für die öffentliche Ordnung zu später Stunde verantwortlich waren und die Verbrechen Diebstahl, Körperverletzung und Mord ahndeten.

Der Entwurf für die *Prigioni nuove*, deren Bau durch die Ausgabe öffentlicher Anleihen finanziert wurde, stammte von dem *proto* Antonio da Ponte, von Zamaria de' Piombi und von dem zu lebenslänglicher Haft verurteilten Gefangenen Zaccaria Briani, der für seine Leistung einen Straferlass von drei Jahren erhielt. Der Bau wurde jedoch erst zu Beginn des 17. Jh. unter Leitung von Antonio Contin fertiggestellt. Die Gefängnisabteilungen wurden um einen Innenhof herum auf drei einfach strukturierten Ebenen angeordnet: in dem Gebäudeteil, an den die Seufzerbrücke anschließt, verläuft ein Korridor parallel zu den Außenmauern quer durch die Mitte und trennt so zwei Zellenbereiche voneinander. Viele Zellen sind am Fußboden, an den Wän-

Prigioni Nuove, Tür einer Zelle

Sala dei Censori

den und im Gewölbe mit dicken Lärchenbrettern verkleidet, die überkreuz vernagelt wurden. Sie schützten vor Kontakt mit dem Stein und vor Feuchtigkeit. Während des Besuchs kann man am Putz einiger Räume noch eingeritzte oder mit Ruß aufgebrachte Inschriften entdecken, die an die vielen Menschen erinnern, die hier im Laufe der Jahrzehnte eingeschlossen waren. Vom Innenhof aus betritt man das Gebäude wieder durch eine Tür, deren Architrav mit der Inschrift „LE PREGION FORTE“ geschmückt ist. Dann führt der Weg in einen großen Raum im dritten Stock, in dem zahlreiche ärchäologische Funde ausgestellt sind, die bei Ausgrabungen in verschiedenen Teilen der Stadt und der Lagune, in Malamocco, im Staatsarchiv am Campo dei Frari, in der Kirche San Lorenzo di Castello, im Dogenpalast und in dem 1902 eingestürzten Campanile des Markusdoms gefunden wurden. In den Vitrinen sind Fragmente von Amphoren aus römischer Zeit, aus der späten Antike und aus dem Hochmittelalter, Essensreste (Tierknochen, Muschelschalen), Scherben von Keramikschalen, -tellern und -krügen aus verschiedenen Epochen sowie lokale Erzeugnisse und Manufakte aus Byzanz, dem Mittleren Osten und dem maurischen Spanien zu sehen. Jetzt führt der Rundweg zurück in das Stockwerk der Loggien des Dogenpalast durch die Räume einiger wichtiger Magistraturen.

Sala dell'Avogaria, Jacopo Tintoretto, *Der auferstandene Christus mit den avogadori Francesco Pisani, Michele Bon und Ottaviano Valier, ca. 1571*

*Sala dei Censori*

Kehrt man über die Seufzerbrücke zurück, gelangt man auf der dem *Bacino* zugewanden Seite in den Raum, in dem die Zensoren zusammentraten. Diese Magistratur wurde 1517 gegründet und bestand aus zwei vom Großen Rat bestellten Mitgliedern. Sie wachten gegen Wahlbetrug über die ordnungsgemäße Abwicklung der Abstimmungen und sprachen Urteile über die Löhne des Gesindes, über Wetten und über die von Gon-

Sala dell'Avogaria, Leandro Bassano, *Die Jungfrau mit Kind wird von drei avogadori angebetet*, 1604

dolieri begangenen Vergehen aus. Dazu kam im 18. Jh. die Zuständigkeit für die Glasbläserkunst.

Auf den Holzrahmen über den Wandverkleidungen sind die Wappen der im Gründungsjahr 1632 amtierenden Zensoren aufgemalt. Weiter oben hängt eine Reihe von Gemälden mit Gruppenporträts der Mitglieder der Magistratur, die größtenteils Domenico Tintoretto zugeschrieben werden können.

*Sala degli avogadori di Comun*

Dieses vermutlich bereits im 12. Jh. existierende Organ hatte zunächst die Aufgabe, die Staatsgüter zu schützen und über Streitsachen zwischen den Steuerbehörden und Privatpersonen zu entscheiden. Später kam ihm eine wichtige Rolle in der komplexen Staatsmaschinerie zu, da es die Beschlüsse des Großen Rates, des Senats und des *Consiglio dei Dieci* anfechten konnte. Bei den Sitzungen dieser Organe muss mindestens ein *avogadore* anwesend sein, um die Einhaltung der Gesetze zu gewährleisten. Seine Kompetenzen reichten von der Aufsicht über die Kassen der Büros in San Marco und Rialto bis zur Vollstreckung der vom *Consiglio dei Dieci* beschlossenen Be-

schlagnahmungen und die Vertretung der anderen Magistraturen zur Urlaubszeit. Die drei Avogodari kleideten sich normalerweise mit einer schwarzblauen Robe, die nur bei feierlichen Anlässen durch ein purpurrotes Gewand ersetzt wurde.
Heute entspricht der Saal nicht dem Bild, das sich dem Besucher zu Zeiten der Republik darbot, da er stark von den Umbaumaßnahmen und Abbrucharbeiten am Palast im 19. Jh. betroffen war. In der Mitte der Wand, in Richtung der Sala dei Censori, hängt das große Gemälde von Jacopo Tintoretto *Der auferstandene Christus mit den avogadori Francesco Pisani, Michele Bon und Ottaviano Valier* (ca. 1571), umgeben von anderen Porträts, zum Teil auch religiösen Bildern, die bis zu Beginn des 18. Jh. zurückreichen. Es handelt sich um Kunstwerke von auf dieses Genre spezialisierten Malern wie Domenico Tintoretto, Leandro Bassano, Tiberio Tinelli und Sebastiano Bombelli.

*Sala dello Scrigno*
1319 erhielten die *avogadori* die Aufgabe, ein Register aller venezianischen Patrizierfamilien zu führen, das so genannte *Libro d'oro* (Goldenes Buch), in dem Ehen und Geburten vermerkt werden mussten, um so über die

Sala dello Scrigno, Schränke aus dem Settecento

Vorschriftsmäßigkeit und Legitimität der Aufnahme junger Adliger in den Großen Rat zu wachen. Es gab ein ähnliches Buch, das *Libro d'argento* (Silbernes Buch) für die *cittadini originari* (ursprüngliche Bürger), eine Gesellschaftsschicht, die besondere Privilegien genoss. Ihre Mitglieder durften beispielsweise hohe Ämter in der öffentlichen Verwaltung übernehmen und Außenhandel treiben. Die Schränke aus dem 18. Jh. mit vergoldeten Dekorationen auf weißem Grund, die in dem Durchgang unter der *Scala d'Oro* stehen, enthielten kostbare Bücher und alle Dokumente über die Anerkennungsverfahren von Adelstiteln und Staatsangehörigkeiten.
In diesem Raum sind zahlreiche Porträts ausgestellt, viele davon sind bedeutende Kunstwerke aus dem 17. und 18. Jahrhundert (Gemälde von Nicolas Régnier, Alessandro Longhi, Vincenzo Guarana und anonymen Malern).

*Sala dei Provveditori alla Milizia da Mar*
Die *magistratura dei provveditori o presidenti alla milizia da Mar* wurde gegen Mitte des 16. Jahrhunderts mit einer variablen Anzahl von Mitgliedern gegründet, die 1585 auf drei gesenkt wurde. Wie aus dem Namen abzuleiten ist, war sie für die Rekrutierung und Bezahlung der Besatzungen von Kriegsflotten zuständig. Die Handwerkszünfte der Serenissima und der untergebenen Städte mussten eine bestimmte Anzahl von Männern für die Schiffe zur Verfügung stellen. Später konnte diese Verpflichtung durch Entrichtung eines entsprechenden Geldbetrags namens *tansa* erfüllt werden.
In diesem Raum sind originale Holzverkleidungen aus dem 16. Jh. und mit Blätter und Blütenkronen geschmückte schmiedeeiserne Wandfackelhalter aus dem 18. Jh. zu sehen. Aus der gleichen Epoche stammen auch die Bilder mit religiösem Motiv, die einen anonymen Maler aus der Tiepolo-Werkstatt zugeschrieben werden.

*Ende des Rundgangs*
Der Besuch des Dogenpalastes endet in dem Raum, in dem heute der Bookshop untergebracht ist. Früher handelt es sich um die *cancelleria inferiore*, in der das *collegio dei notai* zusammenkam. In dem angrenzenden Raum, der *Sala della bolla ducale*, war der Sitz eines *bollador* genannten Magistrats, der alle Vorgänge mit Nullaosta-Stempel abstempelte und so ihre Gültigkeit bestätigte. Verlässt man den Raum durch das Portal, über dem das Wappen des Dogen Leonardo Loredan (1501-1521) prangt, kehrt man in die Loggia zurück, wo hinter den Giganten ein reich im manieristischen Stil dekorierter Rahmen zu bewundern ist. Die Tafel, die an den Besuch Heinrichs III. in Venedig erinnert, ist ein Meisterwerk von Alessandro Vittoria. Damit kommt man zur *Scala dei Senatori* und betritt den gleichnamigen kleinen Innenhof. Alternativ dazu kann man vom Bookshop durch einen Korridor das Café betreten, das in den Räumen der früheren Küchen untergebracht ist. Vom *Arco* und dem *Androne Foscari*, dem prunkvollen und feierlichen Eingang, verlässt der Besucher den Dogenpalast durch die gotische *Porta della Carta* und setzt die Entdeckungsreise der zahlreichen außergewöhnlichen Sehenswürdigkeiten Venedigs fort.

# Die Itinerari Segreti

Büros, in denen die Verwaltung der Republik untergebracht war, Gefängniszellen und Folterzellen, die Räume gefürchteter Magistrate, die unerbittlich über die Sicherheit des Staates wachten: der Rundweg der *Itinerari Segreti* (*Geheime Rundgänge*) kann als Führung gebucht werden und bietet die Möglichkeit, die weniger bekannten, aber genauso interessanten und faszinierenden Bereiche des Palastes zu erkunden. Mit jedem Schritt dringt man tiefer in die Geschichte der Serenissima ein und versteht die Mechanismen besser, die die komplexe Bürokratie und die Rechtsprechung regelten.

Nach dem Portal, das im quadratischen Atrium dem Eingang zu den Amtsräumen gegenüber liegt, betritt man sofort einen engen, einfachen Korridor, in dem die Trennwände aus einfachen Brettern oder dünnen Mauern bestehen. Rechts liegen kleine, miteinander verbundene Büros, in die durch die großen zum Innenhof gelegenen und durch die Holzdecke geteilten Renaissancefenster Licht einfällt. Dort arbeitete der *notaio ducale*, der vielen Magistraturen als Sekretär zur Seite stand, und der *deputato alla Secreta del Consiglio dei Dieci*, der für das Archiv verantwortlich war, in dem vertrauliche Unterlagen sowie die Akten der von dem *Consiglio dei Dieci* angestrengten Prozesse aufbewahrt wurden.

Über eine Treppe betritt man im Zwischengeschoss das Büro des *cancelliere grande*, das in Anbetracht der Würde dieses Beamten, der die Aufsicht über die gesamte öffentliche Verwaltung Venedigs führte, eher bescheiden wirkt. Er gehörte normalerweise der Gesellschaftschicht der *cittadini originari* (ursprüngliche Bürger) an, wurde vom Großen Rat auf Lebenszeit ernannt und genoss alle Vorrechte des Patriziats außer dem Stimmrecht in den Sitzungen, an denen er teilnahm. Nach seinem Tod wurde er mit einem feierlichen Staatsbegräbnis beigesetzt, das sonst nur dem Dogen und dem Patriarchen vorbehalten war. Der daneben gelegene Raum war dem *segretario alle voci* gewidmet, der die Register der Abstimmungen bei Wahlen im Großen Rat und im Senat verwahrte.

Die Treppe führt in die große *Sala della Cancelleria Superiore*, die auf

Eines der
Dachfenster
auf dem Dachboden

Höhe des quadratischen Atriums und der *Scala d'Oro* liegt. Vor den Wänden stehen Holzschränke aus dem 18. Jh., deren Füllungen mit den Wappen und den Namen der *Cancellieri* bemalt sind (der erste, der Spuren in der Geschichtsschreibung hinterließ, war der seit 1268 amtierende Corrado de' Ducati). Hier wurden die Archive der *Signoria* und des *Collegio*, die Register der vom Großen Rat erlassenen Gesetze und der Senatsbeschlüsse sowie die zur Abwicklung normaler Verfahren erforderlichen Unterlagen aufbewahrt. Die Schreibsekretäre arbeiteten an langen Tischen, die früher unter dem Holzgeländer standen.

Von den nahe gelegenen Büros des *Reggente* und des *Vicereggente* führt der Weg in die unheimliche *Sala della Tortura* (oder *Camera del tormento* – Folterraum), wo die Angeklagten insbesondere durch Fesseln der Arme hinter dem Rücken und durch Anheben mit einem Seil zu Geständnissen gezwungen wurden. Folter wurde in Venedig immer in abgeschwächtem Maße praktiziert und ab dem 17. Jh. nach und nach ganz aufgegeben. Eine Reihe enger Korridore verbindet den auch auf dem Treppenabsatz von Räumen umgegebenen Saal mit den *Piombi* (Bleikammern, der Name ging auf das für die Verkleidungsplatten verwendete Material zurück), sechs oder sieben Zellen auf dem Dachboden für Angeklagte in Untersuchungshaft, die das Urteil des *Consiglio dei Dieci* oder der Staatsinquisitoren erwarteten. Selbst die in mehreren Schichten übereinander genagelten und mit dünnen Eisenplatten verstärkten Lärchenholzbretter konnten 1756 die abenteuerliche Flucht von Giacomo Casanova nicht ver-

Sala della Cancelleria Superiore

Der Folterraum

hindern, der wegen eines Spionageverdachts und der Hintergehung mehrere Patrizier dort inhaftiert war. Nach dem ersten gescheiterten Versuch gelang es Casanova, ein Loch in die Decke zu bohren und mit Hilfe eines Komplizen auf das Dach zu steigen und durch ein Dachfenster wieder in den Palast zu klettern. Als er nach einer Reihe von Widrigkeiten im Morgengrauen den quadratischen Atrium erreichte, hielt ein Wächter ihn für einen versehentlich am Abend zuvor im zweiten Stockwerk eingeschlossenen Besucher und öffnete ihm die Tür zur Freiheit. Auch zur Zeit der österreichischen Herrschaft über die Lombardei und Venetien wurden diese Zellen zur Unterbringung von Gefangenen genutzt; 1821 wurde Silvio Pellico hier eingekerkert. In den Räumen oberhalb der *Armeria* sind in der Ecke zwischen dem Kanal und dem Ufer einige Vitrinen mit Schwertern, Hellebarden, Rüstungen, Armbrüsten, Pistolen und anderen Waffen zu sehen. Sie grenzen an den Dachboden über der *Sala del Maggior Consiglio*, auf dem robuste, von den erfahrenen Handwerkern des Arsenals angebrachte Balken aus dem 16. Jahrhundert die Decke und die darin eingefassten Gemälde stützen.
Von den *Piombi* (Bleikammern) führt ein doppelter Treppenlauf in die *Sala degli inquisitori di Stato* im zweiten Stockwerk, ein 1539 mit dem Namen *Inquisitori contro i propagatori del segreto* enstandenes Gremium. Die Magistrate (ein Dogenberater und zwei vom *Consiglio dei Dieci* ausgewählte Mitglieder) sprachen sofort rechtskräftige Urteile im Schnell-

Ein Blick auf den Rundweg Itinerari segreti

*auf den folgenden Seiten*
Nächtliche Ansicht der Fassade zur Piazzetta

verfahren aus, mit denen Vergehen gegen die Staatssicherheit, politische Vergehen, böse Gerüchte gegen die Regierung und unzulässige Beziehungen zu Abgesandten aus dem Ausland bestraft wurden. Die Deckenfelder wurden 1566-1567 von Jacopo Tintoretto ausgemalt. Die seitlichen Malereien erinnern an die Kriterien und Prinzipien, die die Richter bei der Urteilsfindung beachten mussten: *Glauben, Gesetz, Gerechtigkeit* und *Eintracht. Die Rückkehr des verlorenen Sohnes*, die im Achteck in der Mitte dargestellt wird, weist ausdrucksvoll auf die Zielsetzungen der Beschlüsse der Inquisitoren hin.
Die angrenzenden *Sala dei tre capi* diente dem Vorsitz des *Consiglio dei Dieci*, drei Adligen, die einen Monat lang im Amt blieben. Sie hörten die Angeklagten an und bewerteten den Wahrheitsgrad ihrer Aussagen, brachten die Prozesse vor die Versammlung und informierten die *Signoria* und die *Decemviri* über die dringendsten Maßnahmen. Zur Dekoration gehört der große Kamin von Jacopo Sansovino mit dem Wappen des Dogen Marcantonio Trevisan (1553-1554), der mit zwei von Pietro da Salò und Danese Cattaneo gemeißelten Säulenträgern und einem Flachrelief aus Holz (17. Jh.), das *Venezia als Gerechtigkeit* mit Waage und Zepter darstellt, geschmückt ist. Auch die Deckengemälde, für die dieselben Künstler beauftragt wurden, die bereits die *Sala del Consiglio dei Dieci* ausgemalt hatten, dienten der Selbstverherrlichung Venedigs. Das mittlere Feld *Die Tugend befreit die Zeit, die Wahrheit und die Unschuld vom Bösen und vom Neid* sowie die monochromen Bilder, die das zentrale Gemälde einrahmen, stammen von Giambattista Zelotti; Giambattista Ponchino schuf *Die Gerechtigkeit siegt über den Aufstand* und *Der Glaube siegt über die Häresie*, Paolo Veronese *Die Tugend besiegt das Böse* und *Nemesis triumphiert über die Sünde.*
Beim Verlassen des Korridors, in dem die Besichtigung beginnt, stösst man rechts auf den mit der *Sala della Bussola* verbundenen Durchgang und die Treppen, die zu den anderen Stockwerken des Palastes führen. Noch etwas weiter liegt ein geheimer Gang, durch den man die halbrunde Tribüne des *Consiglio dei Dieci* direkt erreichen kann.

# Die Dogen

| | |
|---|---|
| 697-717 | Paolo Lucio Anafesto |
| 717-726 | Marcello Tegalliano |
| 726-737 | Orso Ipato |
| 737-742 | Periodo dei *Magistri militum* annuali |
| 742-755 | Teodato Ipato |
| 755-756 | Galla Lupanio |
| 756-764 | Domenico Monegario |
| 764-787 | Maurizio Galbaio |
| 787-804 | Giovanni Galbaio |
| 804-810 | Obelerio Antenoreo |
| 810-827 | Agnello Partecipazio |
| 827-829 | Giustiniano Partecipazio |
| 829-836 | Giovanni I Partecipazio |
| 836-864 | Pietro Tradonico |
| 864-881 | Orso I Partecipazio |
| 881-887 | Giovanni II Partecipazio |
| 887 | Pietro I Candiano |
| 888-912 | Pietro Tribuno |
| 912-932 | Orso II Partecipazio |
| 932-939 | Pietro II Candiano |
| 939-942 | Pietro Partecipazio |
| 942-959 | Pietro III Candiano |
| 959-976 | Pietro IV Candiano |
| 976-978 | Pietro I Orseolo |
| 978-979 | Vitale Candiano |
| 979-991 | Tribuno Memmo |
| 991-1008 | Pietro II Orseolo |
| 1008-1026 | Ottone Orseolo |
| 1026-1032 | Pietro Centranico |
| 1032-1042 | Domenico Flabanico |
| 1043-1070 | Domenico Contarini |
| 1071-1084 | Domenico Selvo |
| 1084-1096 | Vitale Falier |
| 1096-1102 | Vitale I Michiel |
| 1102-1118 | Ordelaffo Falier |
| 1118-1130 | Domenico Michiel |
| 1130-1148 | Pietro Polani |
| 1148-1156 | Domenico Morosini |
| 1156-1172 | Vitale II Michiel |
| 1172-1178 | Sebastiano Ziani |
| 1178-1192 | Orio Malipiero |
| 1192-1205 | Enrico Dandolo |
| 1205-1229 | Pietro Ziani |
| 1229-1249 | Jacopo Tiepolo |
| 1249-1253 | Marino Morosini |
| 1253-1268 | Ranieri Zen |
| 1268-1275 | Lorenzo Tiepolo |
| 1275-1280 | Jacopo Contarini |
| 1280-1289 | Giovanni Dandolo |
| 1289-1311 | Pietro Gradenigo |
| 1311-1312 | Marino Zorzi |
| 1312-1328 | Giovanni Soranzo |
| 1329-1339 | Francesco Dandolo |
| 1339-1342 | Bartolomeo Gradenigo |
| 1343-1354 | Andrea Dandolo |
| 1354-1355 | Marino Falier |
| 1355-1356 | Giovanni Gradenigo |
| 1356-1361 | Giovanni Dolfin |
| 1361-1365 | Lorenzo Celsi |
| 1365-1368 | Marco Corner |
| 1368-1382 | Andrea Contarini |
| 1382 | Michele Morosini |
| 1382-1400 | Antonio Venier |
| 1400-1413 | Michele Steno |
| 1414-1423 | Tommaso Mocenigo |
| 1423-1457 | Francesco Foscari |
| 1457-1462 | Pasquale Malipiero |
| 1462-1471 | Cristoforo Moro |
| 1471-1473 | Nicolò Tron |
| 1473-1474 | Nicolò Marcello |
| 1474-1476 | Pietro Mocenigo |
| 1476-1478 | Andrea Vendramin |
| 1478-1485 | Giovanni Mocenigo |
| 1485-1486 | Marco Barbarigo |
| 1486-1501 | Agostino Barbarigo |
| 1501-1521 | Leonardo Loredan |
| 1521-1523 | Antonio Grimani |
| 1523-1538 | Andrea Gritti |
| 1539-1545 | Pietro Lando |
| 1545-1553 | Francesco Donà |
| 1553-1554 | Marcantonio Trevisan |
| 1554-1556 | Francesco Venier |
| 1556-1559 | Lorenzo Priuli |
| 1559-1567 | Girolamo Priuli |
| 1567-1570 | Pietro Loredan |
| 1570-1577 | Alvise I Mocenigo |
| 1577-1578 | Sebastiano Venier |
| 1578-1585 | Nicolò da Ponte |
| 1585-1595 | Pasquale Cicogna |
| 1595-1605 | Marino Grimani |
| 1606-1612 | Leonardo Donà |
| 1612-1615 | Marcantonio Memmo |
| 1615-1618 | Giovanni Bembo |
| 1618 | Nicolò Donà |
| 1618-1623 | Antonio Priuli |
| 1623-1624 | Francesco Contarini |
| 1625-1629 | Giovanni I Corner |
| 1630-1631 | Nicolò Contarini |
| 1631-1646 | Francesco Erizzo |
| 1646-1655 | Francesco Molin |
| 1655-1656 | Carlo Contarini |
| 1656 | Francesco Corner |
| 1656-1658 | Bertucci Valier |
| 1658-1659 | Giovanni Pesaro |
| 1659-1675 | Domenico Contarini |
| 1675-1676 | Nicolò Sagredo |
| 1676-1684 | Alvise Contarini |
| 1684-1688 | Marcantonio Giustinian |
| 1688-1694 | Francesco Morosini |
| 1694-1700 | Silvestro Valier |
| 1700-1709 | Alvise II Mocenigo |
| 1709-1722 | Giovanni II Corner |
| 1722-1732 | Alvise III Mocenigo |
| 1732-1735 | Carlo Ruzini |
| 1735-1741 | Alvise Pisani |
| 1741-1752 | Pietro Grimani |
| 1752-1762 | Francesco Loredan |
| 1762-1763 | Marco Foscarini |
| 1763-1778 | Alvise IV Mocenigo |
| 1779-1789 | Paolo Renier |
| 1789-1797 | Ludovico Manin |

Lazzaro Bastiani, *Der Doge Francesco Foscari*, Venedig, Museo Correr

# Chronologie

421
Laut der Legende wurde Venedig am Tag der Verkündigung (25. März) gegründet.

567
Das Exarchat Italien mit Sitz in Ravenna entsteht und die Regierung über *Venetia Marittima* wird einem Tribunen anvertraut.

568-569
Alboin führt die Eroberung Italiens durch die Langobarden an.

589
Eine starke Überschwemmung verändert die Geografie der Lagune.

697
Laut der Tradition ist Paoluccio Anafesto aus Eraclea der erste *Dux*.

737-741
Nach der Ermordung des Dogen Orso Ipato regieren jährlich ernannte *Magistri militum* das Gebiet.

742
Teodato Ipato wird zum Dogen gewählt und verlegt den Amtssitz nach Malamocco.

810
Das fränkische Heer von Pipin, dem Sohn Karls des Großen, wird von Agnello Partecipazio besiegt, der seinen Amtssitz nach Rivoalto verlegt.

828
Die Kaufleute Bono aus Malamocco und Rustico aus Torcello bringen die in Alexandria geraubten Reliquien des Evangelisten Markus nach Venedig.

976
Der Doge Pietro IV. Candiano und sein Sohn kommen bei einer Revolte ums Leben, bei der der Dogenpalast in Brand gesetzt wird.

1000
Die von dem Dogen Pietro Orseolo angeführte venezianische Flotte hisst zum ersten Mal die Flagge mit dem Markuslöwen und besiegt die slawischen Piraten, die die Küsten von Istrien und Dalmatien bedrohen (an dieses Ereignis erinnert die *Festa della Sensa*).

1082
Der byzantinische Kaiser, den die Venezianer im Kampf gegen die Normannen unterstützen, gewährt den Venezianern weitreichende Handelsprivilegien.

1094
Der Markusdom wird in Anwesenheit des Kaisers des Heiligen Römischen Reiches Heinrichs IV. geweiht.

1096-1099
Der erste Kreuzzug zur Rückeroberung des Heiligen Landes für die Christenheit findet statt. Trotz der späten Beteiligung gelingt es den Venezianern, die besten Handelsplätze der neuen Staaten im Nahen Osten für sich zu gewinnen.

1143
Die *Comune Veneciarum* entsteht.

1172
Der Große Rat wird ins Leben gerufen.

1172-1178
Der Doge Sebastiano Ziani regt zahlreiche Baumaßnahmen auf dem Markusplatz an, der vergrößert und mit neuen Bauwerken eingerahmt wird. Die Mauern um den Dogenpalast werden durch Bauwerke im byzantinischen Stil mit Portikus und Loggien ersetzt.

1177
Papst Alexander III. versöhnt sich dank der Vermittlung durch den Dogen Ziani unter den goldenen Kuppeln des Markusdoms mit dem Kaiser Friedrich Barbarossa.

1192
Enrico Dandolo ist der erste Doge, der den *Promissione ducale* genannten Eid ablegt.

1202-1204
Die Venezianer nutzen den vierten Kreuzzug zur Rückeroberung Jerusalems, um die rebellische Stadt Zadar zu unterwerfen und Konstantinopel zu erobern. Konstantinopel wird geplündert (die Bronzepferde auf dem Markusdom sind Teil der Beute). Der Doge Dandolo erhält den Titel *Dominus quartae partis et dimidiae totius Imperii Romaniae.*

1211
Die Insel Candia (Kreta) wird an den venezianischen Staat angeschlossen.

1229
Auf dieses Jahr wird allgemein die Einführung des *Consiglio dei Pregadi* (oder Senat) datiert.

1255-1270
Venezianer und Genuaner kämpfen im Krieg von San Saba um die Kontrolle des Orienthandels.

1271
Marco Polo bricht nach China auf. Er kehrt 1295 nach Venedig zurück.

1284
Der erste Golddukat wird geprägt; 1554 wird er als „Zecchino" bezeichnet.

1293-1299
Die Republiken Venezia und Genua führen erneut Krieg. Während der Schlacht von Curzola (1298) wird Marco Polo gefangen genommen.

1297
Die Zugehörigkeit zum Großen Rat wird durch die sogenannte *Serrata* begrenzt (28. September).

1310
Die Verschwörung von Baiamonte Tiepolo und Marco Querini wird entlarvt (14. Juni). Zur Verurteilung der Schuldigen wird der *Consiglio dei Dieci* ins Leben gerufen.

1339
Treviso wird den Scaligern abgerungen und fällt 1388 dauerhaft unter venezianische Herrschaft.

1340
Der Bau des Flügels des Dogenpalasts, in dem die *Sala del Maggior Consiglio* untergebracht wird, beginnt.

1348
Im März breitet sich eine Pestepidemie in Venedig aus, die etwa die Hälfte der Bevölkerung dahinrafft.

1355
Der Doge Marino Falier wird wegen Verschwörung und versuchten Umsturzes der republikanischen Ordnung zum Tod durch Enthauptung verurteilt (17. April). 1366 wird sein Portrait in der *Sala del Maggior Consiglio* gemäß einem Dekret des *Consiglio dei Dieci* ausgelöscht und durch ein schwarzes Tuch ersetzt.

1368-1370
Die Venezianer führen den Krieg von Triest, um die Sicherheit der Handelsrouten in der Adria zu gewährleisten.

1378-1381
Der Krieg von Chioggia, der mit dem Frieden von Turin endete (8. August 1381), besiegelt den Niedergang der Republik von Genua, die danach keine Gefahr für die Serenissima mehr darstellte.

1392
Der Gebrauch von Pferden zur Fortbewegung in Venedig wird eingeschränkt.

1404-1405
Die Serenissima erweitert ihre Herrschaft über Vicenza, Verona und Padua.

1420
Der Patriarch von Aquileia ist gezwungen, auf Istrien und Friaul zu verzichten.

1426-1433
Im Krieg gegen Mailand erobern die Venezianer die lombardischen Städte Brescia und Bergamo.

1449
Auch über Crema weht die Flagge mit dem Markuslöwen.

1454
Der Frieden von Lodi besiegelt die Hegemonie Venedigs bis zum Adda.

1457
Der Doge Francesco Foscari wird zur Abdankung gezwungen.

1469
Negroponte (Euböa) fällt unter türkische Herrschaft.

1482-1484
Der Krieg gegen Ferrara, auch Salzkrieg genannt, endet mit der dauerhaften Besetzung von Rovigo und der Einrichtung der Südgrenze der Republik am Fluss Po.

1483
Am 14. September zerstört ein Brand den Ostflügel des Dogenpalastes, der im Renaissancestil wieder aufgebaut wird.

1489
Caterina Corner, Witwe des letzten Königs Giacomo II. von Lusignano tritt die Insel Zypern an die Republik ab.

1492
Christoph Kolumbus entdeckt Amerika. Damit beginnt eine Serie von Entdeckungsreisen, die durch die Erschließung neuer Routen den Handel im Mittelmeer schwächen.

1499-1503
Im Lauf des Konflikts mit dem römischen Reich verliert Venedig zahlreiche Gebiete in Griechenland und in der Ägäis.

1509
Das Heer der Serenissima wird in Agnadello von den in der Liga von Cambrai vereinten Mächten besiegt (das Kaiserreich, Spanien, Frankreich, der Vatikan und andere italienische Herrscher); die feindlichen Truppen erreichen Mestre. In den folgenden Jahren, in denen die Bündnisse sich immer wieder ändern, kann die Republik ihre Herrschaft über die Städte auf dem Festland wieder festigen.

1515
Venedig verbündet sich mit Frankreich und besiegt die kaiserlichen Truppen und die Eidgenossen in der Schlacht von Marignano.

1537-1540
Die Türken erobern nach und nach einen Teil der venezianisch beherrschten Gebiete in Griechenland.

1559
Die spanische und österreichische Vorherrschaft in Italien wird durch den Frieden von Cateau-Cambrésis besiegelt.

1570-1571
Die Osmanen erobern Zypern und metzeln die Verteidiger von Famagosta nieder, dem letzten Bollwerk Venedigs.

1571
Am 7. Oktober, dem Tag der Hl. Justina, versenkt die Flotte der Heiligen Liga, in der Venedig, der Vatikan und Spanien verbündet sind, die Flotte der Osmanen in der Meerenge von Lepanto.

1573
Trotz des Siegs von Lepanto ist Venedig gezwungen, den Verlust Zyperns anzuerkennen.

1574
Durch einen Brand werden einige Räume des Dogenpalastes, darunter die *Sala del Collegio* und die *Sala del Senato* schwer beschädigt (11. Mai).

1577
Die *Sala dello Scrutinio* und die *Sala del Maggior Consiglio* werden durch einen schrecklichen Brand zerstört (20. Dezember).

1588
Am 9. Juni wird der Grundstein zur Rialtobrücke gelegt.

1606-1607
Aufgrund von rechtlichen Fragen verhängt Papst Paul v. ein Interdikt über Venedig. Venedig wird von Paolo Sarpi beraten.

1609
Galileo Galilei präsentiert der *Signoria* das Fernglas auf dem Campanile des Markusdoms.

1615-1617
Die Republik kämpft im Krieg von Gradisca gegen die Uskoken-Piraten, die von den Habsburgern in Österreich mit Waffen ausgestattet werden.

1630
Im Juni bricht die Pest aus und rafft fast ein Drittel der Bevölkerung dahin.

1645-1669
Die Türken fallen in Kreta ein und belagern die Hauptstadt Candia, die sich zweiundzwanzig Jahre später ergibt.

1683
Das osmanische Heer erreicht die Tore Wiens.

1684-1689
Francesco Morosini führt den Kampf gegen die Türken an und erobert Morea. Dafür wurde ihm der Titel „Peloponnesiacus“ verliehen.

1699
Durch den Frieden von Carlowitz geht der Peloponnes endgültig an Venedig.

1714-1718
Venedig büßt Morea durch einen neuen Konflikt mit dem Osmanischen Reich und erhält durch den Frieden von Passarowitz eine kleine Entschädigung in der Form von Gebieten in Dalmatien und Albanien. Korfu wird 1716 durch den Marschall Johann Matthias von der Schulenburg verteidigt und bleibt bei Venedig.

1723
Der Markusplatz wird nach einem Entwurf von Andrea Tirali in seiner heutigen Form gepflastert.

1744
Auf dem Lido beginnt der Bau des „Murazzi“ genannten Damms, mit dem die Lagune vor Hochwasser geschützt werden soll.

1782
Der Papst Pius vi. und die Kronprinzen von Russland kommen unter dem Namen „Conti del Nord“ nach Venedig, wo sie mit großartigen Feierlichkeiten empfangen werden.

1785-1786
Angelo Emo führt einen Feldzug gegen nordafrikanische Piraten an.

1789
Ludovico Manin wird zum hundertzwanzigsten und letzten Dogen der Republik Venedig gewählt. Im gleichen Jahr beginnt die Französische Revolution.

1796
Napoleon beginnt die Italien-Kampagne.

1797
Am 12. Mai findet die letzte Sitzung des Großen Rates statt, der die Macht einer jakobinisch inspirierten provisorischen Verwaltung überträgt. Napoleon tritt die Stadt durch den Frieden von Campo Formio (17. Oktober) an Österreich ab.

1799-1800
Da die Franzosen Rom besetzen, findet das Konklave zur Wahl des neuen Papstes im Inselkloster von San Giorgio Maggiore statt, wo Papst Pius VII. gewählt wird.

1805
Nach der Niederlage von Austerlitz tritt das Kaiserreich Venedig wieder an Napoleon ab.

1814
Venetien fällt wieder an Österreich.

1846
Nach Fertigstellung der Brücke über die Lagune fährt im Januar der erste Zug aus Venedig ab.

1848-1849
Die Österreicher werden aus Venedig verjagt. Unter der Führung von Daniele Manin wird die „Repubblica di San Marco“ proklamiert.

1866
Venetien wird an Italien angeschlossen.

# Literaturverzeichnis


AA.VV., *Piazza San Marco, l'architettura, la storia, le funzioni*, Padova 1970

AA.VV., *Il Palazzo Ducale di Venezia*, Torino 1971

AA.VV., *Architettura e utopia nella Venezia del Cinquecento*, catalogo della mostra a Palazzo Ducale, Milano 1980

AA.VV., *Da Tiziano a El Greco. Per la storia del manierismo a Venezia*, catalogo della mostra a Palazzo Ducale, Milano 1981

AA.VV., *Venezia e la difesa del Levante. Da Lepanto a Candia 1570-1670*, catalogo della mostra a Palazzo Ducale, Venezia 1986

AA.VV., *Tiziano*, catalogo della mostra a Palazzo Ducale, Venezia 1990

AA.VV., *Storia di Venezia, dalle origini alla caduta della Serenissima*, 8 voll., Roma 1992-1998

AA.VV., *L'architettura gotica veneziana*, Venezia 2000

AA.VV., *Il* Paradiso *di Tintoretto. Un concorso per Palazzo Ducale*, catalogo della mostra a Palazzo Ducale, Milano 2006

M. Agazzi, *Platea Sancti Marci. I luoghi marciani dall'XI al XIII secolo e la formazione della piazza*, Venezia 1991

G. Bardi, *Dichiaratione di tutte le historie che si contengono ne i quadri posti nuovamente nelle Sale dello Scrutinio e del Gran Consiglio del Palagio Ducale della Serenissima Repubblica di Vinegia*, Venetia 1587

E. Bassi, *Palazzi di Venezia. Admiranda Urbis Venetae*, Venezia 1976

E. Bassi - E.R. Trincanato, *Il Palazzo Ducale nella storia e nell'arte di Venezia*, Milano 1965

G. Benzoni (a cura di), *I Dogi*, Milano 1982

P. Bettio (a cura di), *Lettera intorno al Palazzo Ducale e descrizione dei quadri nella sala del Gran Consiglio esistenti prima dell'incendio del 1577, pubblicate da Francesco Sansovino e riprodotte con illustrazioni*, Venezia 1829

G. Cozzi, *Repubblica di Venezia e Stati italiani*, Torino 1982

G. Cozzi (a cura di), *Stato, società e giustizia nella Repubblica Veneta (sec. XV-XVIII)*, Roma 1980

A. Da Mosto, *I Dogi di Venezia nella vita pubblica e privata*, Milano 1960[2]

W. Dorigo, *Venezia romanica*, Venezia 2003

U. Franzoi, *Storia e leggenda del Palazzo Ducale di Venezia*, Venezia 1982

U. Franzoi, *Itinerari segreti nel Palazzo Ducale di Venezia*, Treviso 1983

U. Franzoi, *L'Armeria del Palazzo Ducale a Venezia*, Treviso 1990

U. Franzoi, *Le prigioni di Palazzo Ducale a Venezia*, Milano 1997

U. Franzoi - T. Pignatti - W. Wolters, *Il Palazzo Ducale di Venezia*, Treviso 1990

U. Franzoi (a cura di), *Il serenissimo Doge*, Treviso 1986

D. Howard, *Jacopo Sansovino. Architecture and Patronage in Renaissance Venice*, New Haven 1987[2]

N.M. Knapton - G. Scarabello, *La Repubblica di Venezia nell'età moderna*, Torino 1992

F.C. Lane, *Storia di Venezia*, Torino 1978 (ed. originale *Venice. A Maritime Republic*, London 1973)

G. Lorenzetti, *Venezia e il suo estuario*, Trieste 2002 (I ed. Venezia 1926)

G. Lorenzi, *Monumenti per servire alla storia del Palazzo Ducale di Venezia*, Venezia 1868

A. Manno, *Il Poema del Tempo. I capitelli del Palazzo Ducale di Venezia. Storia e iconografia*, Venezia 1999

S. Mason Rinaldi, *Palma il Giovane. L'opera completa*, Milano 1984

R. Pallucchini - P. Rossi, *Tintoretto. Le opere sacre e profane*, Milano 1984

F. Pedrocco, *Tiziano*, Milano 2000

F. Pedrocco - T. Pignatti, *Veronese. Catalogo completo dei dipinti*, Firenze 1991

R. Polacco (a cura di), *Storia dell'arte marciana: l'architettura*, atti del Convegno Internazionale di Studi, Venezia 1997

L. Puppi, *Andrea Palladio*, Milano 1973

C. Rendina, *I Dogi. Storia e Segreti*, Roma 1981

G. Romanelli (a cura di), *Palazzo Ducale. Storia e restauri*, Verona 2004

J. Ruskin, *The Stones of Venice*, London 1851-1853

M. Sanudo, *De origine, situ et magistratibus urbis Venetae ovvero La città di Venetia (1493-1530)*, a cura di A. Caracciolo Aricò, Milano 1980

G. Scarabello, *Guida alla civiltà di Venezia*, Milano 1987

M. Tafuri, *Venezia e il Rinascimento. Religione, scienza, architettura*, Roma 1985

M. Tafuri (a cura di), *Renovatio Urbis. Venezia nell'età di Andrea Gritti*, Roma 1984

W. Wolters, *La scultura veneziana gotica (1300-1460)*, Venezia 1976

W. Wolters, *Storia e politica nei dipinti di Palazzo Ducale*, Venezia 1987 (ed. originale *Der Bilderschmuck des Dogenpalastes*, Stuttgart 1983)

F. Zanotto, *Il Palazzo Ducale di Venezia*, 4 voll., Venezia 1853-1861

*Fotolithografie*
Fotolito Veneta, San Martino Buonalbergo (Verona)

*Druck*
Grafiche SIZ s.p.a., Campagnola (Verona)
im Auftrag Marsilio Editori® s.p.a., Venezia



| EDIZIONE | ANNO |
|---|---|
| 10 9 8 7 6 5 4 3 | 2012 2013 2014 |